Maikäfer

Eingerollt: der Schwarze Schnurfüßer

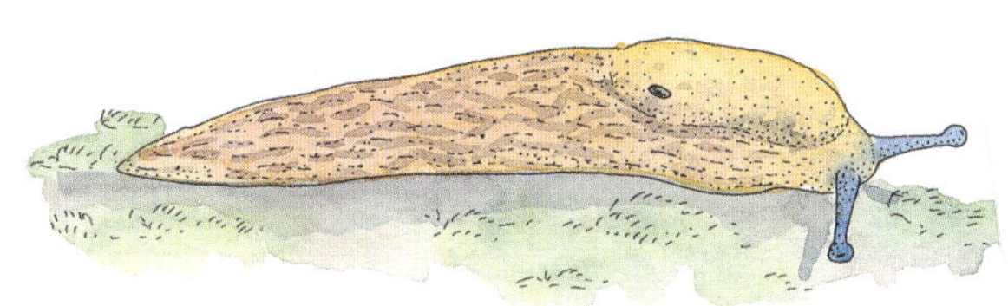

Pilzschnegel

Zikade

Regenwurm

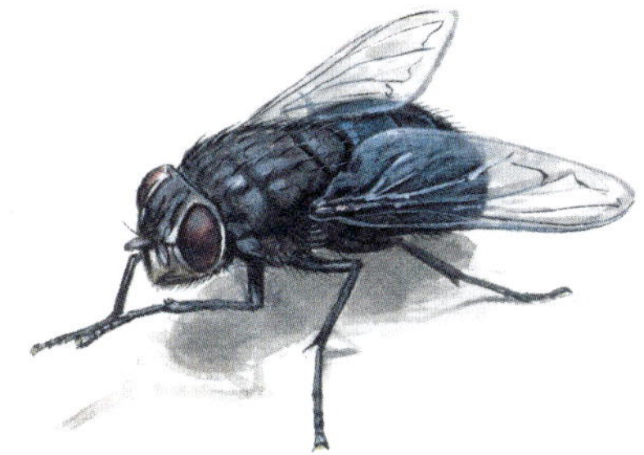

Fliege

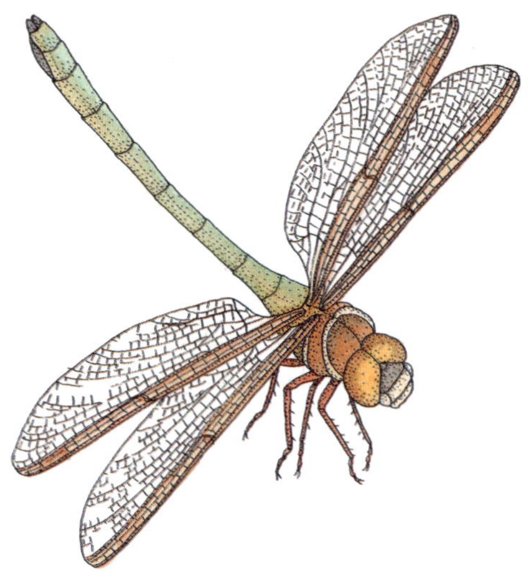

Titel der französischen Originalausgabe: Le livre aux petites bêtes

Penguin Random House Verlagsgruppe FSC® N001967

Die Deutsche Nationalbibliothek verzeichnet diese Publikation in der Deutschen Nationalbibliografie; detaillierte bibliografische Daten sind im Internet unter http://dnb.d-nb.de abrufbar.

Umschlaggestaltung nach dem Entwurf der Originalausgabe: dyadesign, www.dya.de

Satz und Layout: Neele Unger, München

Druck und Bindung: DZS Grafik d.o.o., Ljubljana

Printed in Slovenia

ISBN 978-3-7306-1056-5

www.anacondaverlag.de

Nathalie Tordjman

DAS GROSSE BUCH DER KLEINEN TIERE

Illustriert von Julien Norwood & Emmanuelle Tchoukriel

Aus dem Französischen von Marion Herbert

ANACONDA

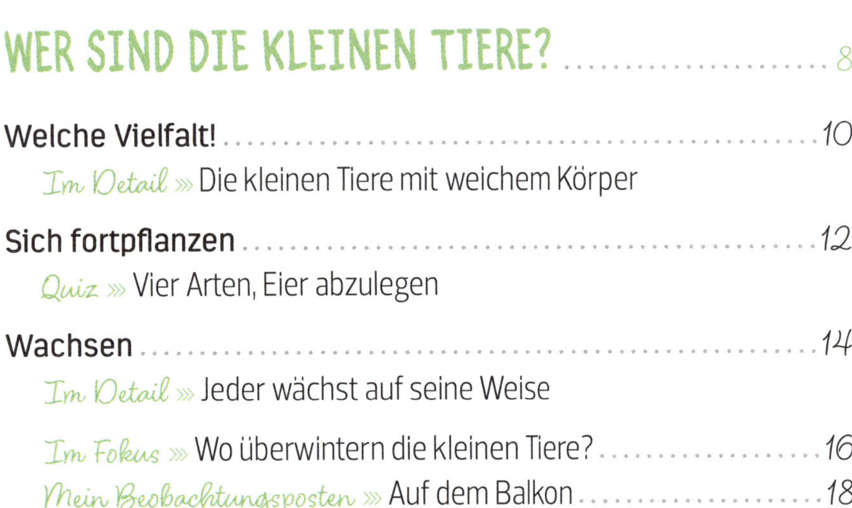

WER SIND DIE KLEINEN TIERE? 8

DAS LEBEN IN DER LUFT 20

DAS LEBEN AM BODEN

DAS LEBEN IM WASSER

UNGLAUBLICHE KLEINE TIERE

WER SIND DIE KLEINEN TIERE?

WELCHE VIELFALT!

Die Körper der kleinen Tiere sind unterschiedlich aufgebaut.

Es gibt drei große Gruppen

* **Weichtiere**, wie die Schnecke, haben einen weichen, immer feuchten Körper, der von einem Haus oder einer Schale geschützt sein kann. Die meisten haben nur einen Fuß.
* **Ringelwürmer** haben einen weichen Körper, der aus zusammenhängenden Ringen besteht, und keine Beine.
* **Gliederfüßer** haben einen Körper, der von einer festen Hülle, der Kutikula, geschützt wird, und gegliederte Beine. Zu ihnen gehören Insekten, Spinnentiere, Tausendfüßer und Krebstiere.

Am zahlreichsten sind die Gliederfüßer

Ein Insekt im Detail

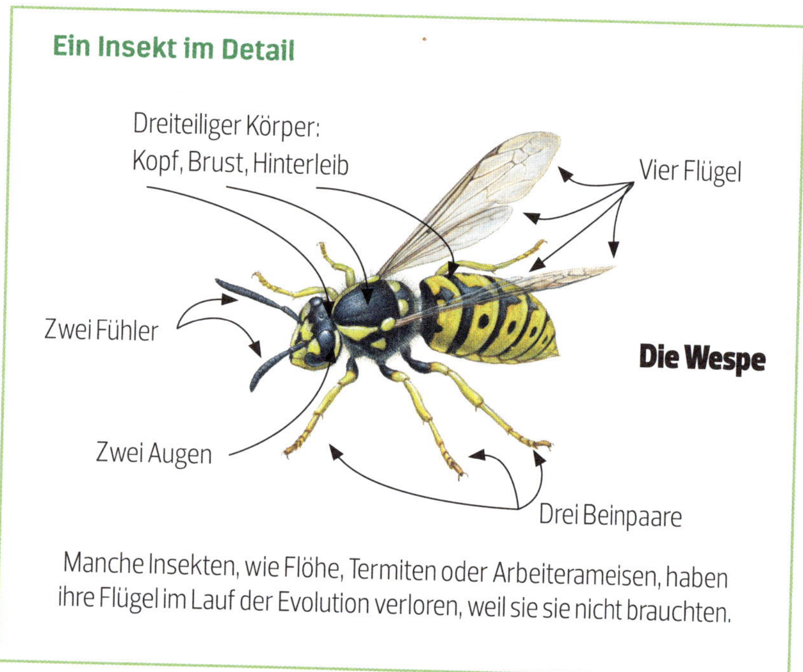

Manche Insekten, wie Flöhe, Termiten oder Arbeiterameisen, haben ihre Flügel im Lauf der Evolution verloren, weil sie sie nicht brauchten.

Ein Spinnentier im Detail

Spinnen, Skorpione und Milben sind Spinnentiere. Sie haben keine Fühler.

Ein Tausendfüßer im Detail

Tausendfüßer haben zwar viele Beine, aber niemals 1000!

Ein Krebstier im Detail

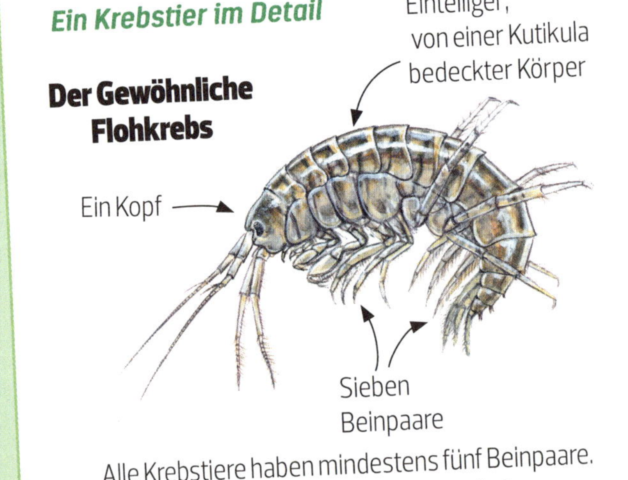

Alle Krebstiere haben mindestens fünf Beinpaare. Aber manche, wie der Hummer, haben einen zweiteiligen Körper.

Im Detail

Die kleinen Tiere mit weichem Körper

Die Weichtiere

Die Hain-Bänderschnecke

Die Gefleckte Weinbergschnecke

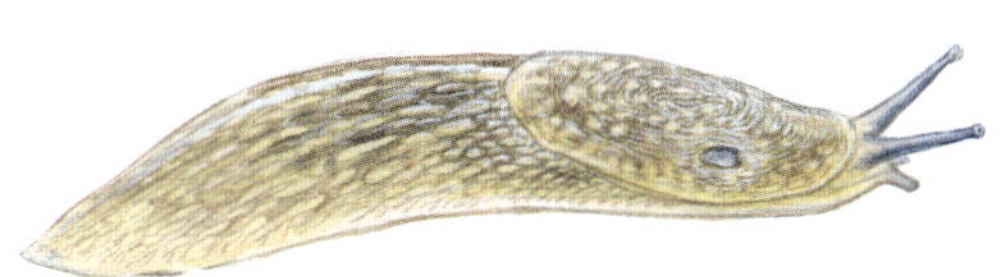
Der Bierschnegel

Die Flache Strandschnecke

Die Napfschnecke

Die Spitzschlammschnecke

Die Ringelwürmer

Der Regenwurm

Der Bernstein-Ringelwurm

Der Fischegel

SICH FORTPFLANZEN

Die kleinen Tiere sind sehr zahlreich, denn sie haben erstaunliche Fähigkeiten, sich fortzupflanzen.

Traditionelle Paare

Bei den meisten Gliederfüßern gibt es Männchen und Weibchen, die sich miteinander paaren.

Danach trennt sich das Paar, und das Weibchen legt Eier.

Die männliche Spinne, hier eine Wespenspinne, ist oft kleiner als die weibliche ... für die das Männchen eine willkommene Beute ist!

Unkonventionelle Paare

Schnecken, Würmer und einige Krebstiere sind Zwitter (zugleich männlich und weiblich). Nach der Paarung legen beide Eier. Manche Weichtiere, wie die Europäische Auster, wechseln im Lauf ihres Lebens das Geschlecht.

Das Blattlausweibchen vermehrt sich, ohne sich mit einem Männchen gepaart zu haben: Das nennt man Parthenogenese.

Verführungskünstler

Um einander zu finden, schicken sich Männchen und Weibchen gegenseitig Botschaften. Der weibliche Schmetterling lockt das Männchen mit einer Duftbotschaft an.

Bei den Leuchtkäfern erkennen sich Männchen und Weibchen mithilfe von Lichtsignalen.

Die männliche Feldgrille ruft das Weibchen, indem sie vor ihrer Wohnröhre zirpt.

Wo werden die Eier abgelegt?

* In einer Oothek, einem »Eipaket«: Die weibliche Europäische Gottesanbeterin legt 200 bis 300 Eier in einer schaumigen Eiweißmasse ab, die an der Luft hart wird.

* Auf einer Pflanze: Der weibliche Braune Bär legt 200 bis 400 Eier auf Blattunterseiten ab.

* In einem Kokon: Die weibliche Wolfsspinne spinnt einen Seidenkokon um rund hundert Eier und trägt ihn dann unter ihrem Hinterleib.

* In der Erde: Weinbergschnecken graben ein Loch und legen 50 bis 100 Eier hinein.

Vier Arten, Eier abzulegen

1. Nach der Paarung legt die weibliche Hufeisen-Azurjungfer ihre Eier ab, indem sie ...

- a sie im Flug loslässt.
- b sie mit einem Kokon schützt.
- c ihren Hinterleib ins Wasser taucht.

2. Wenn das Haselnussbohrerweibchen Eier ablegen will, ...

- a bohrt es ein Loch in eine junge Haselnuss.
- b fängt es einen Wurm.
- c gräbt es ein Loch in den Boden.

3. Das Mistkäferweibchen legt seine Eier in einer Mistkugel ab, die es ...

- a mit sich herumträgt, bis die Larven geschlüpft sind.
- b in der Erde versteckt.
- c mit Seide umhüllt.

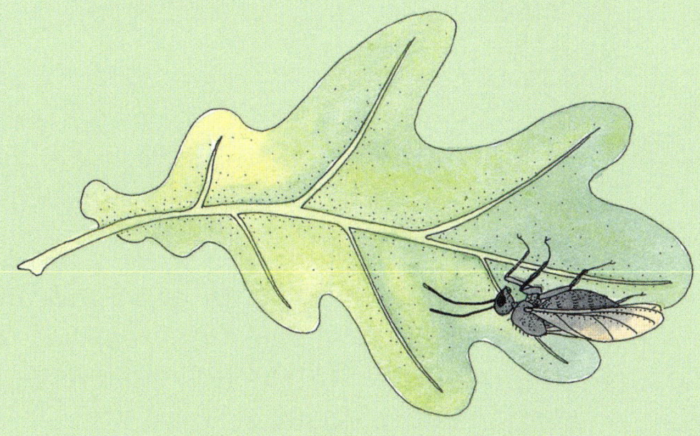

4. Das Weibchen der Gemeinen Eichengallwespe legt seine Eier in Blätter. Die Blätter ...

- a verwelken sofort.
- b rollen sich langsam ein.
- c bilden eine dicke Kugel namens Galle.

WACHSEN

Die Jungen der kleinen Tiere nennt man Larven. Sie sehen ihren Eltern nicht immer ähnlich!

Seltsame Tierchen

Wenn sie aus ihrem Ei schlüpfen, sehen viele Larven ganz anders aus als ihre Eltern. Sie leben nicht am selben Ort wie sie und ernähren sich auch nicht auf dieselbe Weise.

Die Larve des Goldglänzenden Rosenkäfers kriecht durch die Erde und ernährt sich von abgestorbenen Pflanzen.

Der erwachsene Goldglänzende Rosenkäfer fliegt von Blüte zu Blüte und frisst die Blütenblätter.

Kleine Erwachsene

Manche Jungtiere, wie die der Gottesanbeterinnen und der Grillen, haben zwar den gleichen Körperbau wie die erwachsenen Tiere, aber noch keine funktionierenden Fortpflanzungsorgane oder Flügel.
Sie ernähren sich wie ihre Eltern.

Clevere Kerlchen

Fast immer müssen die Kleinen ohne die Hilfe ihrer Eltern klarkommen. Die Mutter legt ihre Eier in der Nähe von einem Pollenspeicher, zarten Blättern oder kleinen Beutetieren ab, damit die Larven gleich nach dem Schlüpfen etwas zu fressen finden.

Manche Eltern passen auf ihre Jungen auf

*Das Weibchen der Fleckigen Brutwanze beschützt seine Jungen, bis sie nach der ersten Häutung eigene Wege gehen.

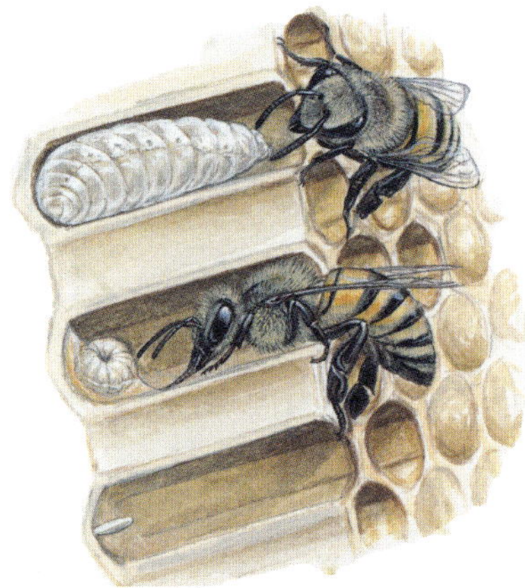

*Honigbienenlarven haben mehrere Ammen, die sie beschützen und füttern.

*Nach dem Schlüpfen trägt das Weibchen der Trauerwolfsspinne seinen Nachwuchs mit Seidenfäden gesichert eine Woche lang auf dem Rücken.

Im Detail

Jeder wächst auf seine Weise

Mit Häutungen

Bei der Geburt sieht die junge Gartenkreuzspinne aus wie ihre Eltern, nur kleiner. Um zu wachsen, muss sie ihre Hülle, die Kutikula, abstreifen: Sie häutet sich. In ihrem ersten Lebensjahr kann sie sich fünf- bis zehnmal häuten.

Kontinuierlich

Die Riemenschnecke wird mit einem zarten, hellen, mit Härchen besetzten Gehäuse geboren, das spiralförmig wächst. Wenn sie beim Bau des Schneckenhauses eine Pause macht, erkennt man das an einer kleinen Rille.

Mit Metamorphose

1. Die **Larve** des Siebenpunkt-Marienkäfers durchbricht die Eierschale. Sie bewegt sich mithilfe ihrer sechs Beine und der Borsten an ihrem Hinterleib (Hilfs-Beinchen auf der Unterseite).

2. Die Larve **häutet sich** dreimal. Jedes Mal wächst sie. Sie wird bis zu 12 mm lang.

3. Wenn die Larve ganz dick ist, hört sie auf zu fressen und bewegt sich nicht mehr. Sie wird zur **Puppe**. Ihre Organe ordnen sich neu und die Flügel wachsen.

4. Das nennt man **Metamorphose**. Wenn der erwachsene Käfer seine Kutikula verlässt, ist er ganz blass. Die steifen Flügel färben sich mit sieben Punkten, die sich nicht mehr verändern. Er lebt ein Jahr.

Im Fokus

Wo überwintern die kleinen Tiere?

Die kleinen Tiere brauchen Wärme, um aktiv zu werden, sich zu entwickeln und sich fortzupflanzen. Der Winter ist für sie eine schwierige Jahreszeit. Jede Art hat ihre eigene Überlebensstrategie.

Unter der Erde!

* Im Sommer singen die männlichen Zikaden, um Weibchen anzulocken. Diese legen daraufhin ihre Eier im Inneren von Zweigen ab.

* Im Herbst sterben die erwachsenen Zikaden, während die Larven aus den Eiern schlüpfen. Sie fallen auf den Boden und graben sich ein. Dort bleiben sie drei bis vier Jahre unter der Erde. Dabei ernähren sie sich nur vom Saft der Baumwurzeln.

* Nach dem vierten Sommer kriechen die Larven aus der Erde hervor und verwandeln sich in Erwachsene.

Die meisten erwachsenen Insekten sterben vor dem Winter. In der kalten Jahreszeit überleben nur Eier und Larven.

Im Versteck!

* Tausendfüßer, Asseln, manche Spinnen und einige Insekten wie Ohrwürmer und Zitronenfalter verbringen den Winter im Erwachsenenstadium. Sie suchen sich einen Unterschlupf, und ihre Hämolymphe (sozusagen ihr »Blut«) enthält ein Frostschutzmittel, damit sie nicht erfrieren.

Schwarze Schnurfüßer sind vegetarische Tausendfüßer, die mehrere Jahre leben. Im Winter graben sie sich in die Erde ein oder verstecken sich in feuchten Kellern, um sich vor der Kälte zu schützen.

In warmen Ländern!

1. Im Herbst verlassen die Distelfalter unsere Gärten. Sie fliegen in den Süden und lassen sich dabei vom Wind tragen. Manche legen 7000 km bis ins tropische Afrika zurück, wo sie sich fortpflanzen.

2. Im warmen afrikanischen Klima laufen die Lebenszyklen schneller und dadurch häufiger ab. Wenn die Temperaturen zu hoch werden, brechen die jüngsten Schmetterlinge nach Norden auf.

Die Paarung

3. Im Frühling kommen sie in unseren Gärten an und legen dort ihre Eier ab. Bald darauf schlüpfen die Raupen.

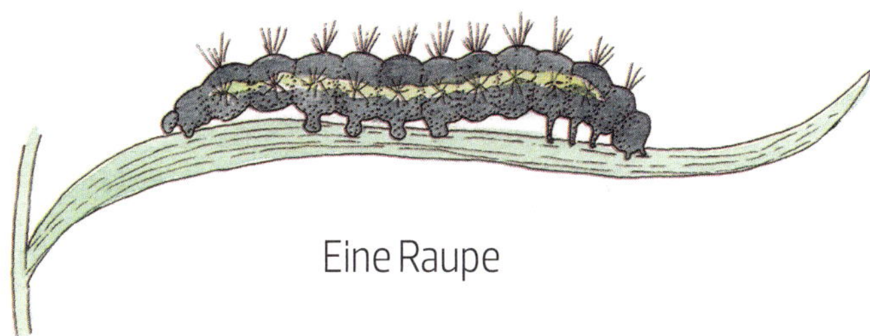

Eine Raupe

4. Bis zum Sommer sind die Raupen dick geworden und hören auf zu fressen. Sie verpuppen sich und verwandeln sich dann in Schmetterlinge. Die Schmetterlinge ernähren sich von Blütennektar und sammeln Kräfte. Im Herbst fliegen sie nach Afrika.

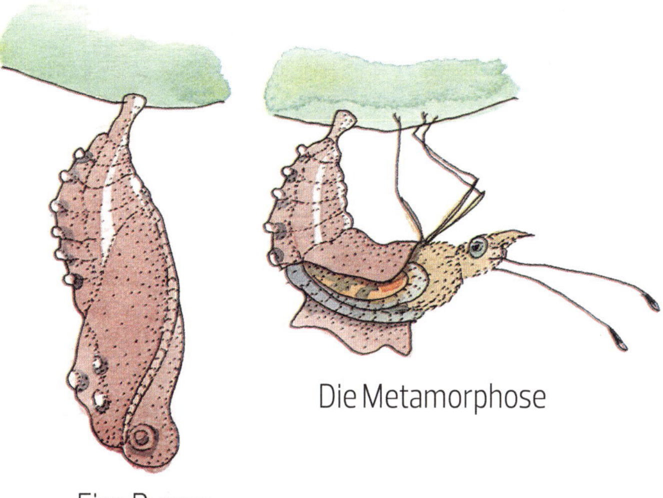

Eine Puppe

Die Metamorphose

Auf dem Balkon

Mein Beobachtungsposten

1. Welche Larve frisst die Blattläuse?
2. Wer sucht die Feuchtigkeit unter einem Blumentopf?
3. Wer schneidet Löcher in die Rosenblätter?
4. Wer lässt sich die Kleeblätter schmecken?

Die Schwebfliege

Das Netz der Sektorspinne

Die Hummel

Der Siebenpunkt-Marienkäfer

Die Blattschneiderbiene

Die Bläulingsraupe

Der Dickmaulrüssler

5. Wer knabbert den Rand der Efeublätter an?

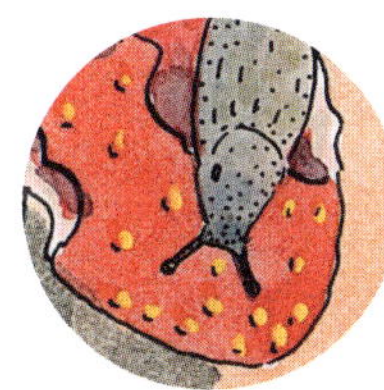

6. Wer kommt abends aus seinem Versteck?

7. Wer saugt den Saft der Malvenblätter?

8. Wer klebt am Blumentopf?

DAS LEBEN IN DER LUFT

FLIEGEN

Von den kleinen Tieren können nur manche Insekten fliegen.

Die Entstehung der Flügel

Insekten müssen erwachsen sein, um fliegen zu können: Erst nach der letzten Häutung oder der Metamorphose bilden sich ihre Flügel. Aber zunächst sind sie noch ganz zerknittert. Damit sie sich entfalten, saugen die Insekten Luft ein, und die Hämolymphe (sozusagen ihr »Blut«) füllt die Adern ihrer Flügel.

Flügel zum Fliegen

Die meisten Insekten fliegen mit zwei oder vier Flügeln, die an ihrer Brust angewachsen sind. Sie bewegen sie mit großer Geschwindigkeit, hauptsächlich von vorn nach hinten, und neigen sie dabei, sodass die Flügelenden eine Acht in die Luft zeichnen. Die Flügel der Biene schlagen 200-mal pro Sekunde und die der Fliege bis zu 500-mal.

Ein Vierfleck

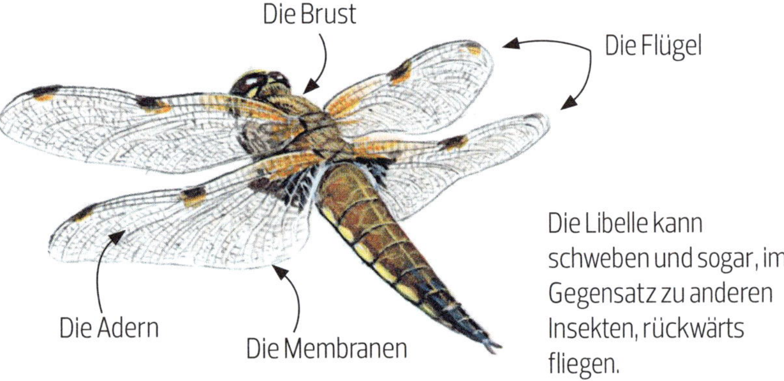

Die Libelle kann schweben und sogar, im Gegensatz zu anderen Insekten, rückwärts fliegen.

In der Luft ... ohne Flügel!

Kleine Spinnen und manche Raupen erzeugen lange Seidenfäden, mit deren Hilfe sie sich vom Wind tragen lassen. So können sie mehrere Kilometer zurücklegen!

Wer fliegt mit zwei Flügeln?

Die Goldfliege

Sie nutzt zum Fliegen nur ihre Vorderflügel. Die winzigen Hinterflügel vibrieren in Gegenrichtung, um beim Fliegen ein Gleichgewicht herzustellen.

Der Maikäfer

Seine zwei Vorderflügel, die sogenannten Deckflügel, schützen die zwei Hinterflügel, mit denen er fliegt.

Die Rotflügelige Ödlandschrecke

Sie springt los und schlägt dann mit den Flügeln oder nutzt sie wie einen Gleitschirm.

Wer fliegt mit vier Flügeln?

Zwei mit farbigen Schuppen bedeckte Flügelpaare

Der Schwalbenschwanz

Zwei miteinander verbundene Flügelpaare

Die Hornisse

Zwei Hinterflügel

Zwei am Ansatz verdickte Vorderflügel

Die Schwarzrückige Gemüsewanze

Zwei große, durchsichtige Flügelpaare

Die Gemeine Florfliege

Zwei Flügelpaare, in zwei oder drei Teile gespalten wie Federn

Die Federmotte

Zwei durchsichtige Flügelpaare mit dünnen Adern

Die Große Eintagsfliege

Welches Insekt hat von zarten Schuppen gefärbte Flügel?

EIN HÄPPCHEN IM FLUG

Nur wenige Insekten können sich im Flug ernähren. Die meisten landen, um zu fressen.

Ein Rüssel zum Trinken

Viele Insekten ernähren sich nur von Flüssigkeiten. Die Bienen schlecken mit ihrer langen Zunge den Nektar aus den Blüten, während die Schmetterlinge ihn mit ihrem Rüssel heraussaugen.

Das Taubenschwänzchen ist einer der wenigen Schmetterlinge, die fressen, während sie auf der Stelle fliegen.

Mundwerkzeuge zum Kauen

Die anderen Insekten zerkleinern ihre Nahrung mit ihren starken Kiefern. Manche jagen Tiere, die kleiner sind als sie, oder ernähren sich von Blättern und Gräsern.

Das Heupferd zerkleinert die Blättern mit seinen Mundwerkzeugen.

Achtung, Pieks!

Das Stechmückenweibchen besitzt einen Stechrüssel, mit dem es die Haut durchdringen und etwas Speichel hineinspritzen kann, bevor es das Blut aufsaugt. Der Speichel macht das Blut flüssiger, sorgt aber auch für den schrecklichen Juckreiz!

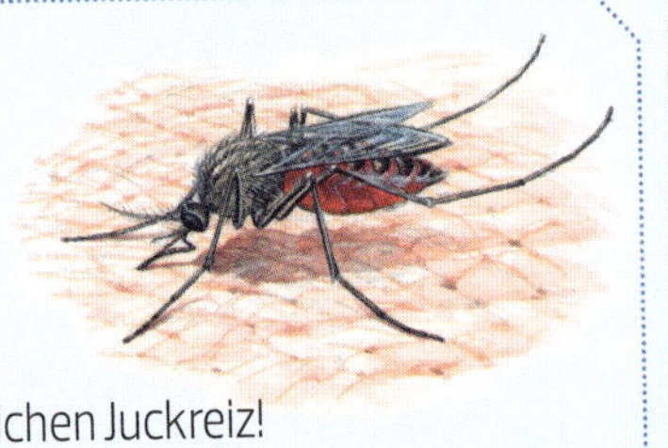

Drei Tricks, um Nahrung aufzuspüren

*Die Bremse findet ihre Nahrung mit ihren zwei großen Facettenaugen. Jedes Auge besteht aus über 3000 Einzelaugen, die man Ommatidien nennt.

Die Ommatidien

*Die Hummel kann die Blumen mit ihren Fühlern riechen.

*Die Schmeißfliege reibt sich oft die Beine, um die feinen Härchen daran sauber zu halten, mit denen sie ihre Nahrung schmecken kann.

Die Härchen

Fang ein kleines Tier!

Um dir ein kleines Tier aus der Nähe anzusehen, kannst du es fangen, ohne es zu verletzen. Und vergiss nicht, es nachher wieder freizulassen!

• Mit den Händen

Wenn du vorsichtig eine Schnecke, einen Regenwurm oder einen Käfer fängst, besteht überhaupt keine Gefahr – weder für dich noch für das Tier.

• Mit einem Pinsel

Je kleiner die Tiere sind, desto empfindlicher sind sie. Um sie zu fangen, kannst du sie sanft mit einem weichen Pinsel in ein Glas schieben.

*** Vorsicht! ***

- Fange keine Insekten mit Stachel wie Wespen, Bienen oder Hummeln, weil sie dich stechen können.
- Auch keine Schmetterlinge oder Libellen: Du kannst leicht ihre Flügel verletzen.

• Mit einem Insektensauger

1. Bohre zwei Löcher in den Deckel.
2. Klebe in das eine Loch mit Flüssigkleber den Strohhalm und ins andere den Plastikschlauch.
3. Befestige am Ende des Strohhalms mit einem Gummiband ein Stück Gaze, damit das Tier nicht in deinem Mund landet.

Jetzt ist dein Sauger fertig! Sauge vorsichtig am Strohhalm und fange das Insekt mit dem Schlauch.

BEI GEFAHR

Fliegen ist eine gute Möglichkeit, Angreifern zu entkommen, aber es reicht nicht immer ...

Sich an die Vegetation anpassen

Einige Insekten, und manchmal auch ihre Jungen, haben einen besonderen Trick, um sich nicht von Feinden aufspüren zu lassen: Sie sehen aus wie Blätter, Stängel oder dünne Äste, vor allem, wenn sie sich nicht bewegen.

Der Birkenspanner ist ein Nachtfalter, der sich tagsüber auf einen Baumstamm setzt und die Flügel über der Rinde ausbreitet, um nicht gesehen zu werden.

Farbe bekennen

Andere Insekten haben Deckflügel in leuchtenden Farben, die anzeigen, dass sie giftig sind oder schlecht schmecken. Angreifer, die einmal ein Tier ihrer Art gefressen haben, tun das kein zweites Mal!

Der Veränderliche Ölkäfer enthält einen Reizstoff gegen seine Feinde.

Um ihre Angreifer zu erschrecken, öffnen manche Schmetterlinge abrupt die farbigere Oberseite ihrer Flügel.

Das Tagpfauenauge

Die Zeichnungen erinnern an große Augen und werden Ozellen (Augenflecken) genannt.

Die Asiatische Hornisse spritzt mit ihrem Stachel ein Gift in den Körper ihres Feindes.

Der Stachel

Der Bombardierkäfer bläst seinem Angreifer mit einem Knall ätzende und stinkende Gase entgegen.

Das Ende des Hinterleibs

Jagd im Flug

Die kleinen Tiere jagen ...

Verfolgung im Flug

Die Libelle (hier eine Blaugrüne Mosaikjungfer) kann im Flug Insekten fangen, die kleiner sind als sie selbst, zum Beispiel Bremsen.

Überraschung

Die Veränderliche Krabbenspinne setzt sich auf eine Blüte und nimmt ihre Farbe an. Wenn ein Insekt in ihre Nähe kommt, stürzt sie sich darauf und injiziert ihr Gift.

Brutaler Überfall

Die Europäische Gottesanbeterin verharrt reglos auf einem Blatt und stürzt sich dann plötzlich auf ihre Beute. Ihre Vorderbeine sind mit Dornen besetzt und schnappen auf und zu wie ein Schweizer Taschenmesser.

... oder werden gejagt!

Jagen auf Sicht

Die Schwalbe fliegt mit leicht geöffnetem Schnabel, um kleine Insekten zu fangen.

Mit einem Happs schnappen

Meisen fangen Raupen aus dem Flug, um ihre Küken zu ernähren. Sie können 500 pro Tag erwischen.

Mit den Flügeln erbeuten

Fledermäuse jagen Nachtfalter, indem sie sie mit der Haut ihrer Flügel zu ihrem Mund wischen.

Welche zwei kleinen Tiere warten reglos auf ihre Beute?

Im Fokus

Die Arbeit der Bestäuber

Bestäuberinsekten fliegen von Blüte zu Blüte. Dadurch können die Pflanzen Früchte und Samen erzeugen.

Wer sind die Bestäuber?

Das sind Insekten, die an ihrem Körper Blütenstaub transportieren, wie Schmetterlinge, Stubenfliegen, Rosenkäfer und vor allem viele Bienen.

* In Europa gibt es 2000 bekannte Bienenarten, und alle transportieren Blütenstaub. Aber nur eine einzige lebt im Bienenstock und produziert Honig: die Westliche Honigbiene.

Was ist die Bestäubung?

* Nachdem ein Insekt den Nektar (eine süße Flüssigkeit) aus einer Blüte getrunken hat, fliegt es weiter und nimmt dabei Blütenstaubkörner mit.

Auch die Rote Mauerbiene sammelt Blütenstaub, um ihre Larven zu ernähren.

* Wenn das Insekt auf einer anderen Blüte landet, lässt es Blütenstaubkörner fallen. Sofern es sich um eine Pflanze derselben Art handelt wie die vorherige, wird sie Früchte tragen.

Wie leben die Honigbienen?

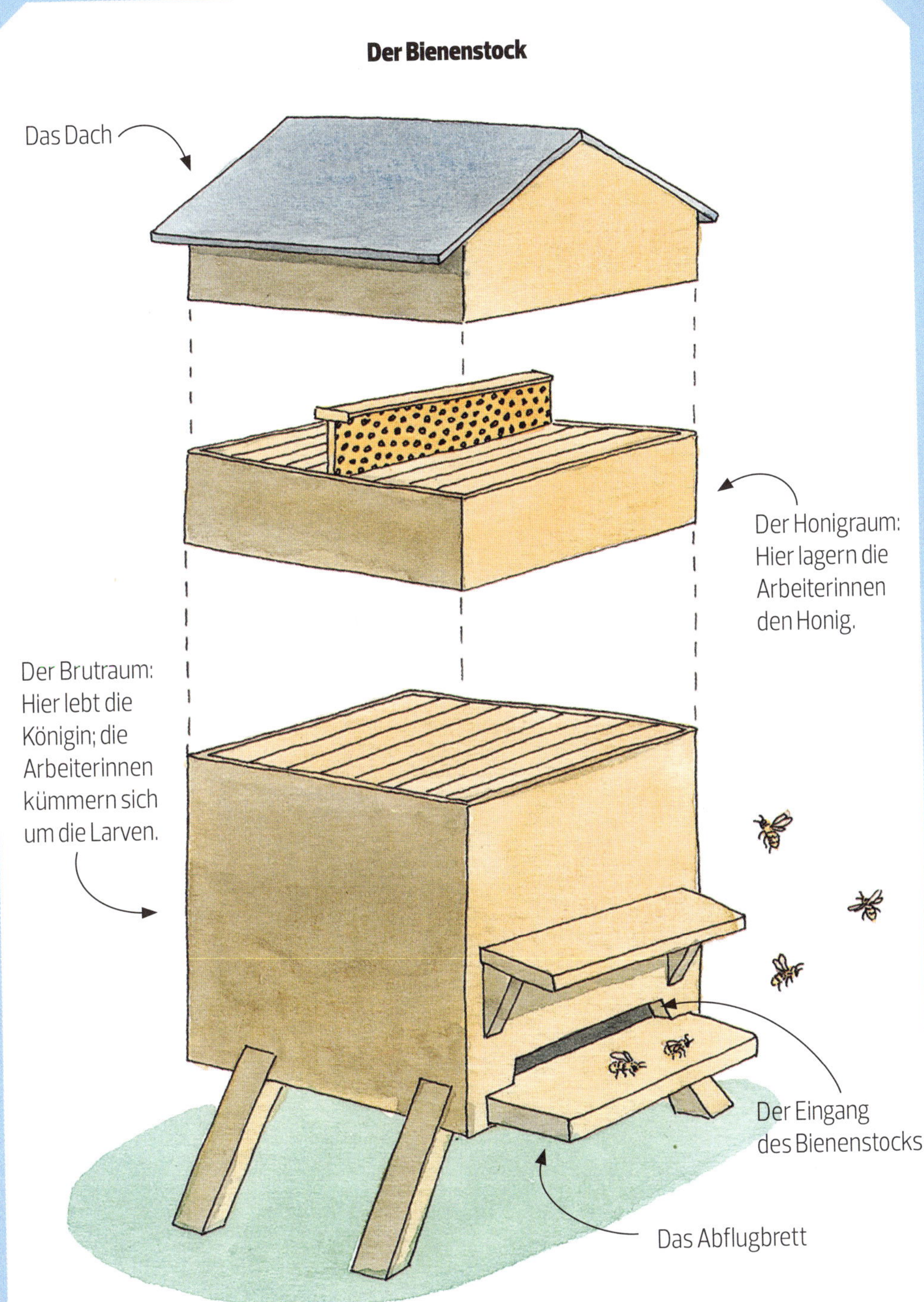

Wer lebt im Bienenstock?

Eine Königin, die Mutter aller Bienen des Bienenvolks. Sie lebt drei bis vier Jahre.

3000 Drohnen (männliche Bienen), die den Bienenstock verlassen, um sich fortzupflanzen. Sie leben 21 Tage.

40 000 bis 50 000 Arbeiterinnen, die die gesamte Arbeit verrichten. Sie leben fünf bis sechs Wochen.

Tausende Larven, die nach 20 Tagen zu Arbeiterinnen werden. Im Sommer schlüpfen bis zu 2000 pro Tag.

Das Leben einer Arbeiterin

Eine erwachsene Arbeiterin verbringt fast ihr gesamtes Leben im Bienenstock. Ihre Aufgaben ändern sich mit ihrem Alter: Zuerst putzt sie die Waben, dann füttert sie die Larven, produziert Wachs und lüftet den Bienenstock. Erst am Ende ihres Lebens fliegt sie hinaus in die Sonne und sammelt Blütenstaub.

Auf der Wiese

Mein Beobachtungsposten

1. Welcher Schmetterling steckt seinen Rüssel in eine Blüte?

2. Wer versteckt eine leuchtende Farbe auf den Oberseiten seiner Flügel?

3. Wer hat sehr lange Hinterbeine?

4. Wer ähnelt einer Spinne, jagt aber ohne Netz?

5. Wer hat einen ganz geraden Rüssel und zwei Flügel?

6. Wer ähnelt einer Stechmücke, sticht aber nicht?

7. Welche Raupe ist stark behaart?

8. Welches Insekt wird oft mit einer Wespe verwechselt?

DAS LEBEN AM BODEN

KRABBELN, KRIECHEN

Die kleinen Tiere, die am Boden leben, bewegen sich krabbelnd oder kriechend fort.

Auf wie vielen Beinen?

Die Gliederfüßer sind die einzigen kleinen Tiere mit gegliederten Beinen.

- **Insekten** haben immer sechs Beine. Sie heben immer drei gleichzeitig (zwei auf einer Seite und eins auf der anderen).
- **Spinnentiere** laufen auf acht Beinen. Jedes Bein besteht aus sieben gegliederten Segmenten.
- **Tausendfüßer** haben alle mehr als 18 Beinpaare. Um vorwärtszukommen, heben sie ein Paar nach dem anderen.

Ohne Beine!

- **Ringelwürmer:** Um vorwärtszukommen, strecken Regenwürmer ihren Körper und ziehen ihn wieder zusammen. Dabei halten sie sich mit den kleinen Borsten fest, die sich an jedem ihrer Ringe befinden.
- **Weichtiere:** Schnecken bewegen sich mithilfe ihres klebrigen und rutschigen Speichels (des Schleims) auf einem einzigen großen, muskulösen Fuß fort.

Der Tigerschnegel kann ausgestreckt 20 cm erreichen.

Beine zum Hüpfen

Die Zebraspringspinne bewegt sich mit kleinen Sprüngen fort. Dabei streckt sie ruckartig die Beine.

Vor dem Sprung bäumt sie sich auf.

Beine zum Graben

Die Europäische Maulwurfsgrille gräbt mit ihren schaufelartigen Vorderbeinen, ähnlich den Grabwerkzeugen eines Maulwurfs, Gänge in den Boden.

Beine zum Springen, aber auch zum Singen

Der männliche Grashüpfer erzeugt seinen Gesang, indem er seine Hinterbeine, die mit kurzen Dornen besetzt sind, am verdickten Rand seiner Flügel reibt.

Baue ein Schneckenterrarium!

Ein Gitterdeckel in der Art eines Fliegengitters, damit die Schnecken atmen, aber nicht wegkriechen können.

Ein feuchter Schwamm

Erde aus deinem Garten oder Blumenerde

Ein Aquarium

- Stelle dein Terrarium in den Garten oder auf den Balkon, sodass es vor Sonne und Regen geschützt ist.
- Nach einem kräftigen Sommerregen kannst du Garten-Bänderschnecken suchen gehen. Dann sind sie besonders aktiv. Nimm mehrere mit, wenn du möchtest, dass sie Junge bekommen. Setze aber nicht mehr als vier oder fünf in dein Terrarium.
- Sprühe jeden Tag etwas Wasser auf die Erde und den Schwamm, damit die Luft feucht bleibt. Und lege frische Nahrung aus: Salatblätter, kleine Karotten-, Radieschen- oder Pilzstücke und Stückchen von Eierschalen, die den Schnecken Kalzium für ihre Schneckenhäuser liefern.
- Beobachte die kleinen lautlosen Gesellen … Und wenn du sie wieder freilassen willst, bring sie dorthin zurück, wo du sie gefunden hast.

*** Vorsicht! ***

Sammle die Nahrung wieder ein, bevor sie verdirbt.

EIN FESTMAHL!

Für die kleinen Tiere ist der Boden ein Schlaraffenland. Jedes findet dort, an der Oberfläche oder in der Tiefe, die Nahrung, die ihm am besten schmeckt.

Das vegetarische Menü

Viele kleine Tiere sind Pflanzenfresser. Grillen fressen Pflanzen, die nah am Boden wachsen. Maikäfer- und Zikadenlarven saugen den Saft aus Baumwurzeln. Schnecken zermahlen grüne Blätter mit ihrer Zunge, auf der sich kleine Zähne befinden.

Das Steak der kleinen Tiere

Die fleischfressenden kleinen Tiere fressen andere kleine Tiere. Spinnen und Tausendfüßer ernähren sich hauptsächlich von Insekten. Der Ohrwurm frisst Blattläuse, Raupen, aber auch manche Blütenblätter.

Der Goldlaufkäfer verfolgt seine Beute und fängt jede Nacht sein eigenes Körpergewicht an Insekten, Würmern und Nacktschnecken.

Kleine Saubermacher

Viele kleine Tiere ernähren sich von dem, was sie auf dem Boden finden: Kot, Pflanzen und tote Tiere.
Sie sind Abfallfresser (Saprophagen). Indem sie die Abfälle verdauen, reinigen sie die Natur und schaffen einen fruchtbaren Boden für die Pflanzen. Darum sind sie für den natürlichen Kreislauf unentbehrlich.

Die Abfallfresser

*Der Regenwurm gräbt senkrechte Gänge und schluckt dabei die Erde. Er verdaut die Überreste von Tieren und Pflanzen.

*Diese winzige Hornmilbe ernährt sich von den Ausscheidungen der Asseln, die abgestorbene Blätter verdaut haben.

*Der Totengräber ernährt sich unter anderem von Tierkadavern.

Nahrung der großen Tiere

Einige große Tiere sind bei ihrer Ernährung auf die kleinen Bodentiere angewiesen.

Die Erdkröte

Sie fängt ihre Beute lebend, indem sie ihre klebrige Zunge hervorschnellen lässt.

Der Europäische Maulwurf

Er verfolgt die Regenwürmer unter der Erde und beißt sie, um sie zu lähmen.

Der Braunbrustigel

Er fängt Nacktschnecken, Insekten und manchmal auch Regenwürmer.

Die Singdrossel

Sie frisst die Schnecke, nachdem sie ihr Gehäuse an einem Stein zertrümmert hat.

Wer versteckt seine Beute unter der Erde?

KAMPF UND LIST

Welche Tricks nutzen die kleinen Bodenbewohner beim Angriff?

Eine vergiftete Waffe

In der Laubschicht setzen viele kleine Tiere ihr Gift ein, um ihre Beute zu töten. Skorpione stechen, aber der Pseudoskorpion, der keinen Stachel hat, injiziert sein Gift mit seinen zwei großen Scheren.

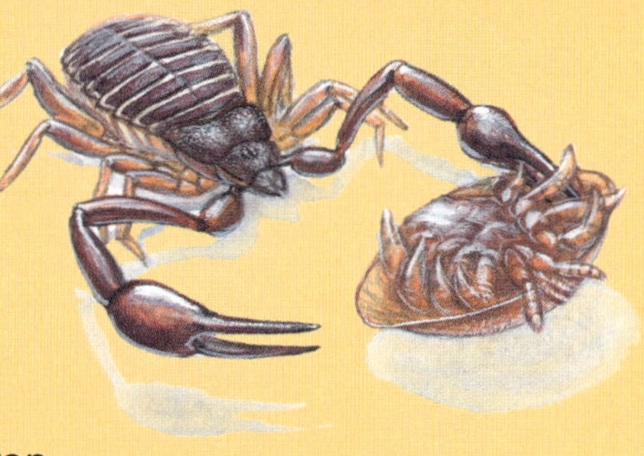

Der Pseudoskorpion greift kleine Beutetiere wie Milben an.

Ein mörderischer Biss

Manche Spinnen jagen auf dem Boden: Sie spannen Netze auf oder verfolgen ihre Beute. Dann beißen sie zu und ihr Speichel weicht das Fleisch auf.

Eine tödliche Falle

Die erwachsene Ameisenjungfer ähnelt einer Libelle. Aber ihre Larve hat keine Flügel und lebt im Boden. Um ihre Beute zu fangen, gräbt sie ein trichterförmiges Loch in den lockeren Sand, in das kleine Insekten wie Ameisen hineinrutschen.

Die Larve der Ameisenjungfer (der Ameisenlöwe) lauert auf dem Grund eines Trichters auf Beute.

Wie verteidigen sich die kleinen Bodentiere?

*Der Tatzenkäfer ist ein Insekt, das weder fliegen noch schnell laufen kann. Wenn es angegriffen wird, stellt es sich tot und stößt aus seinen Beinen und dem Kopf eine rote, giftige Flüssigkeit aus (aber kein Blut).

*Der Sandlaufkäfer ist ein flinkes Insekt. Aber seine Larve hat einen weichen Hinterleib, den sie in einem senkrechten Loch im Boden versteckt. Um sich vor den Angriffen ihrer Feinde zu schützen, trägt sie eine Art Schutzschild auf dem Kopf.

*Der Gerandete Saftkugler ist ein langsam kriechender Tausendfüßer. Wenn er gestört wird, rollt er sich wie ein Igel zu einer Kugel zusammen, und seine harten Rückenplatten schützen ihn.

Meine Werkstatt

Baue Zufluchtsorte in deinem Garten!

Um die kleinen Tiere zu schützen, kannst du ihnen einen Unterschlupf bauen.

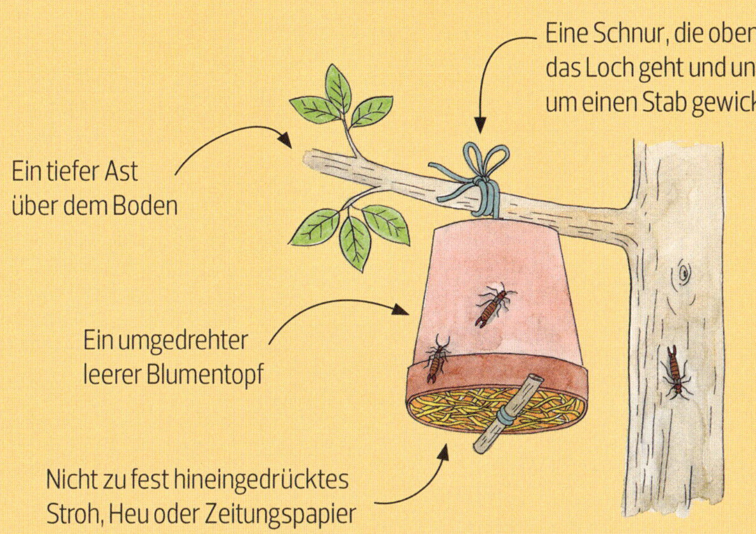

• Ein Ohrwürmer-Hotel

Tagsüber verstecken sich die Ohrwürmer im Blumentopf. Nachts kommen sie heraus, um Blattläuse zu fangen.

• Herbergen für kleine Tiere

Lege in einer Ecke deines Gartens einen Haufen Äste oder große Steine auf den Boden: Sie bieten Schnecken und Asseln, die weder Trockenheit noch Licht mögen, viele Verstecke. Wenn du einen Ast oder Stein hochhebst, kannst du sie beobachten.

Ein Haufen Laub dient als Vorratsschrank für Springschwänze, Regenwürmer und Insekten wie die Kurzflügler, die gewöhnlich nachtaktiv sind.

Im Fokus

Der Ameisenstaat

Ameisen leben in einer Kolonie zusammen. Sie bauen gemeinsam ein Nest, den Ameisenhügel, um dort die Larven großzuziehen. Sehen wir uns die Waldameise einmal genauer an.

Wer wohnt im Ameisenhügel?

- Die **Männchen** und **Jungköniginnen**: Sie haben Flügel und warten darauf, sich auf ihrem einzigen Paarungsflug, dem »Hochzeitsflug«, fortzupflanzen.
- Die **Königinnen**: Bei den Waldameisen gibt es mehrere. Sie sind große Weibchen, die nach der Befruchtung ihre Flügel verloren haben. Sie legen täglich Dutzende Eier.
- Die **Arbeiterinnen**: Das sind kleine Weibchen ohne Flügel, die sich nicht fortpflanzen. Sie sind sehr zahlreich. Sie kümmern sich um die Larven und die Nahrung und verteidigen den Ameisenhügel.

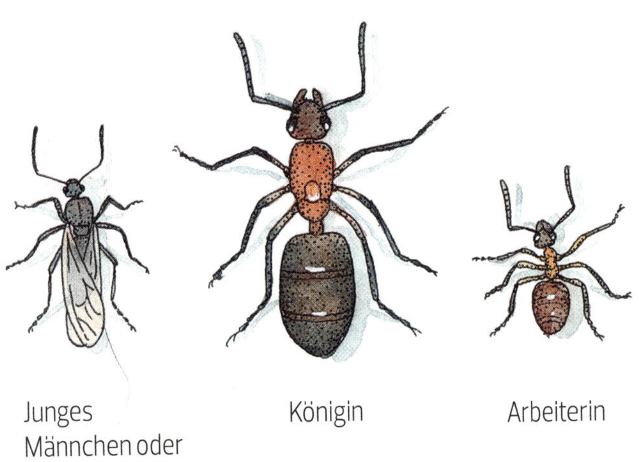

Junges Männchen oder Jungkönigin — Königin — Arbeiterin

Wie finden die Waldameisen etwas zu fressen?

Wenn eine Arbeiterin, die für die Nahrungsbeschaffung zuständig ist, etwas zu fressen findet, kehrt sie zum Ameisenhügel zurück und hinterlässt dabei eine Duftspur. Daraufhin können die anderen dieser Spur folgen. Waldameisen fangen kleine Tiere, vor allem Raupen.

Wie erkennen die Ameisen einander?

Sie reinigen sich regelmäßig allein oder gegenseitig den Körper und die Fühler. So mischen sie ihre Gerüche und es entsteht ein einzigartiger Duft, den die gesamte Kolonie gemeinsam hat.

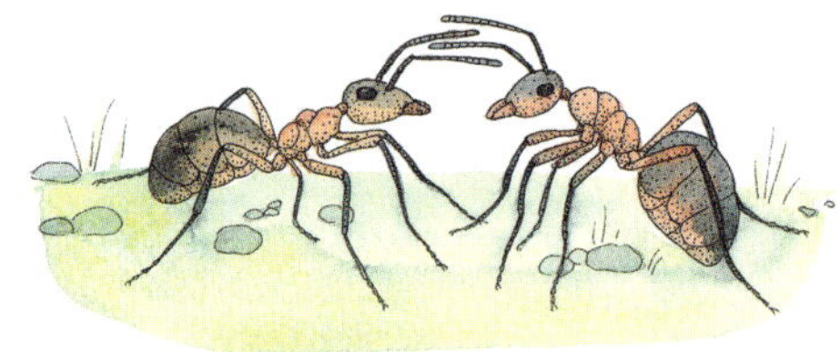

Führung durch den Ameisenhügel

In diesem Ameisenhügel leben über 200 000 Waldameisen.

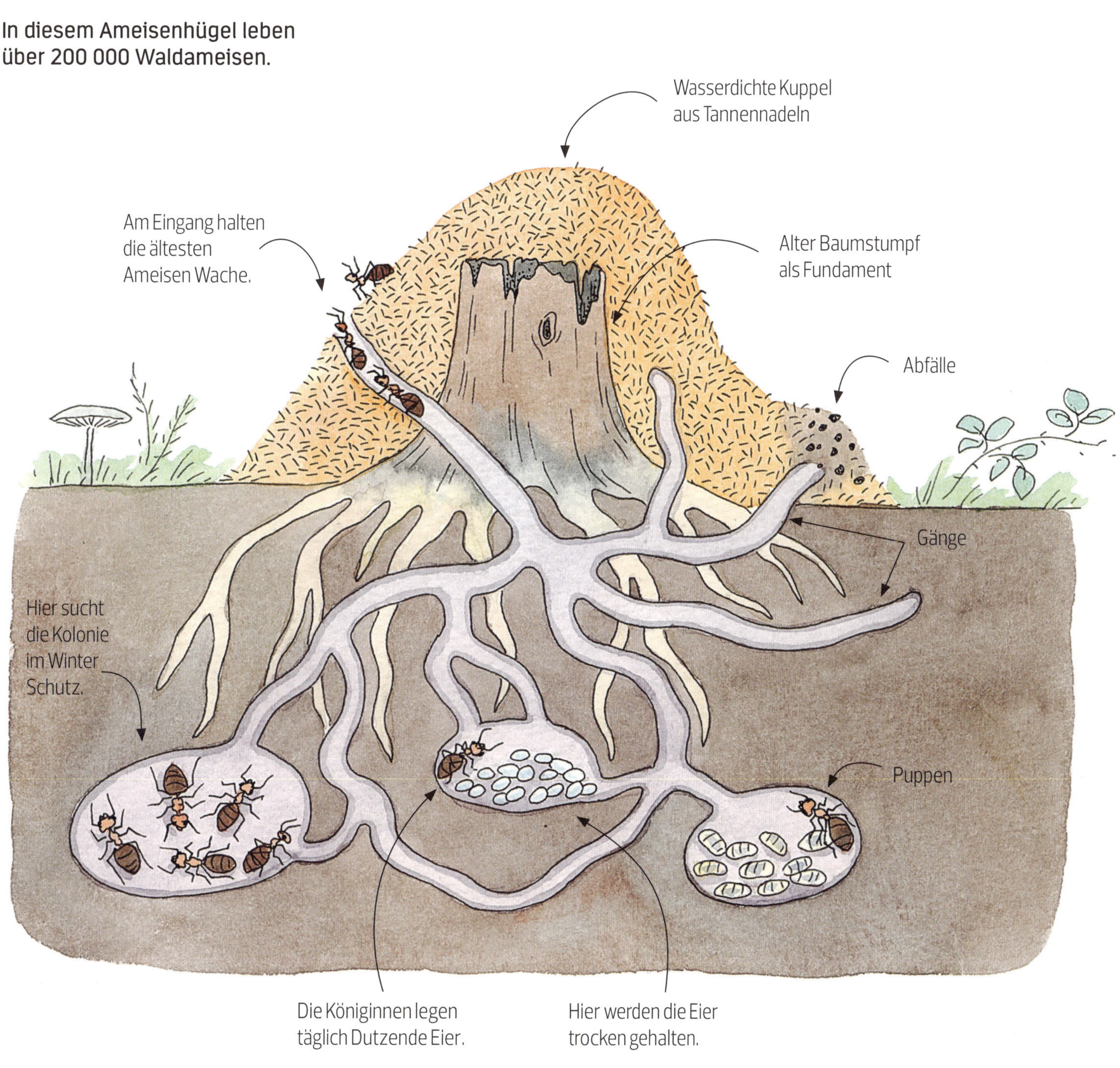

Im Wald

Mein Beobachtungsposten

1. Wer pflegt seine Larven in einer kleinen Höhle?

2. Wer hat über 40 kleine Beinpaare?

3. Wer lässt sich einen Pilz schmecken?

4. Wer greift eine Spinne an?

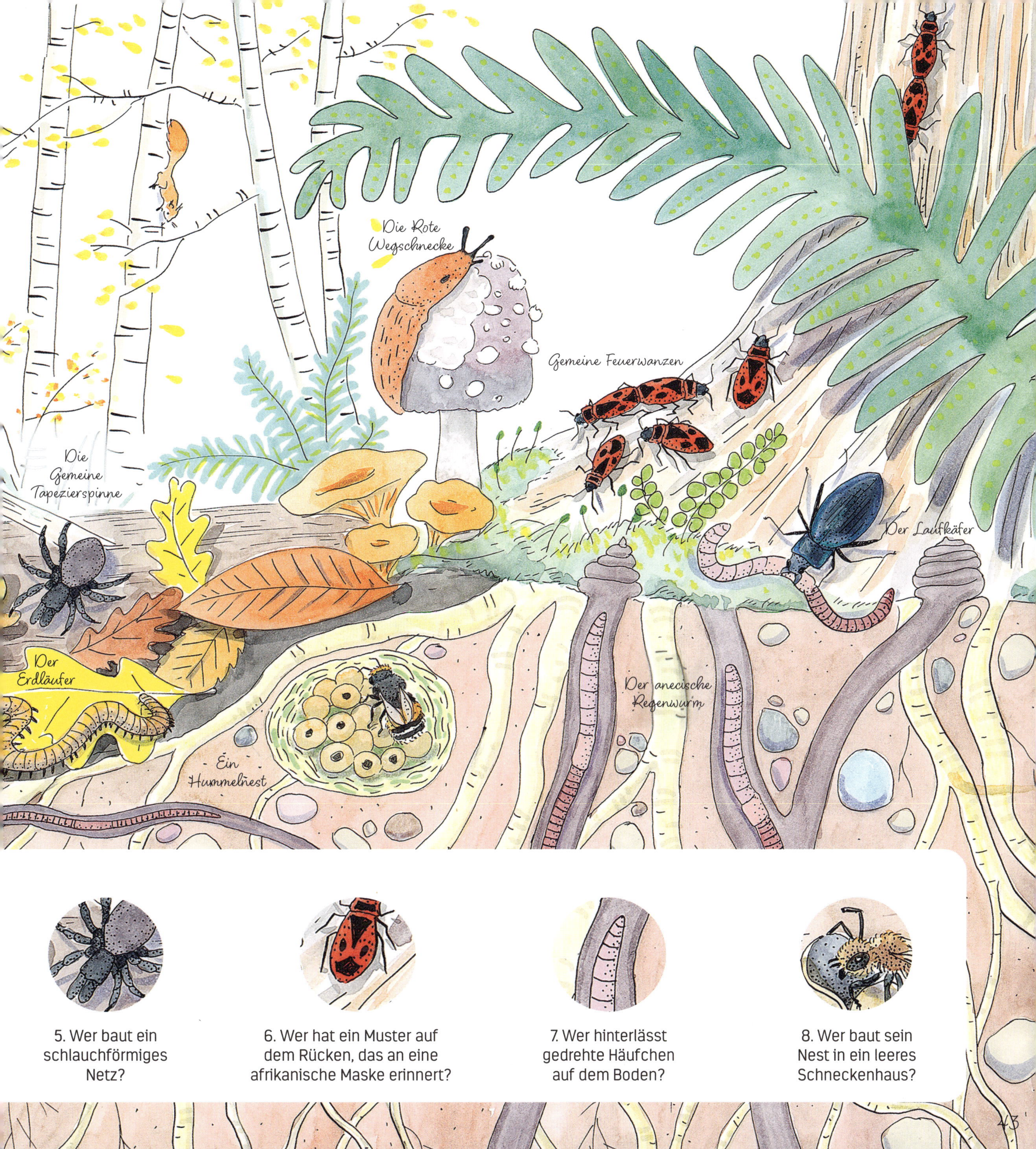

5. Wer baut ein schlauchförmiges Netz?

6. Wer hat ein Muster auf dem Rücken, das an eine afrikanische Maske erinnert?

7. Wer hinterlässt gedrehte Häufchen auf dem Boden?

8. Wer baut sein Nest in ein leeres Schneckenhaus?

DAS LEBEN IM WASSER

SCHWIMMEN

Viele kleine Tiere leben in Flüssen und Teichen. Wie bewegen sie sich fort?

Rudern

Insekten, die im Wasser leben, können schwimmen. Sie bewegen ihre langen, abgeflachten und mit einer Reihe von Borsten besetzten Hinterbeine wie zwei Ruder. Manche Wasserinsekten, wie die Ruderwanze und der Schwimmkäfer, schwimmen auf dem Bauch. Andere, wie der Rückenschwimmer, schwimmen auf dem Rücken.

Krabbeln

Manche kleinen Tiere, wie die Flohkrebse, schwimmen oder laufen auf dem Grund entlang. Die Larven der Wasserinsekten, die nicht gut schwimmen können, bewegen sich fort, indem sie sich an Unterwasserpflanzen festhalten.

Kriechen

Die Weichtiere bewegen sich auf ihrem einzigen Fuß fort. Die Spitzschlammschnecke kriecht auf ihrer Schleimspur an der Unterseite der Wasseroberfläche entlang. Die Tellerschnecke kriecht über Wasserpflanzen. Die Süßwassermuschel bewegt sich über den Grund, indem sie ihren Fuß ausstreckt oder das Wasser aus ihrer Schale ausstößt.

Übers Wasser laufen

Der Wasserläufer gleitet über das Wasser.

Seine vier mit feinen Härchen besetzten Beine sorgen dafür, dass er nicht untergeht.

Die Gerandete Jagdspinne rennt über die Oberfläche von Sümpfen.

Manchmal hält sie sich mit den Hinterbeinen an schwimmenden Pflanzen fest, um sich im Wasser zu verstecken.

Der Taumelkäfer schwimmt an der Wasseroberfläche und rudert stoßweise mit seinen kurzen Hinterbeinen.

Wenn er gestört wird, taucht er oder fängt an zu kreisen.

Mit Härchen bewachsenes Hinterbein.

Über dem Wasser

Die Kleinlibellen

Diese Insekten haben einen unregelmäßigen, flatternden Flug. Ihre Vorder- und Hinterflügel haben die gleiche Form. In der Ruhestellung sind sie geschlossen oder nur leicht geöffnet.

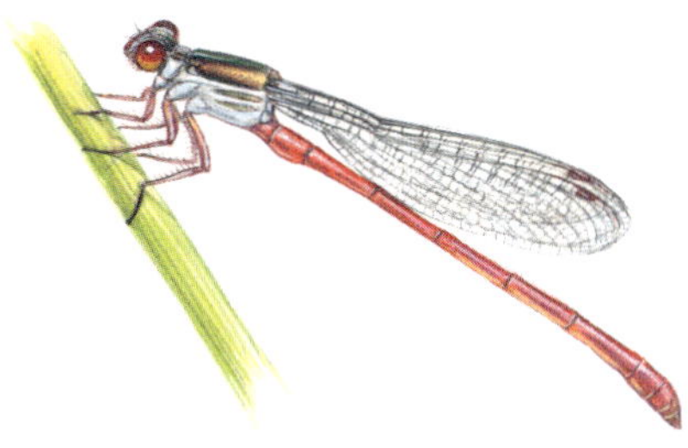

Die männliche Scharlachlibelle

Die männliche Gebänderte Prachtlibelle

Die männliche Gemeine Binsenjungfer

Die Libellen

Sie sind wahre Flugkünstler. Ihre Hinterflügel sind am Ansatz breiter als die vorderen. Die Flügel bleiben auch in der Ruhestellung aufgespannt.

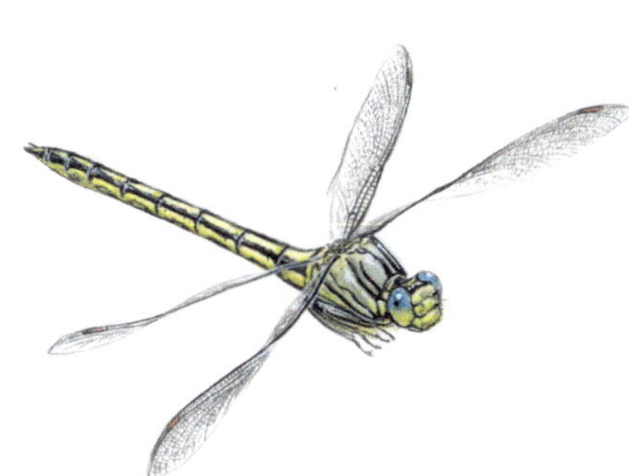

Die männliche Westliche Keiljungfer

Die männliche Feuerlibelle

Der männliche Plattbauch

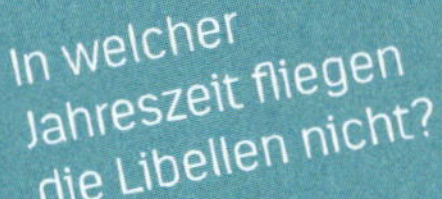

IM WASSER ATMEN

Alle kleinen Wassertiere brauchen Sauerstoff, aber nicht alle atmen auf die gleiche Weise.

Mit Lungen

Manche kleinen Tiere haben Lungen, wie die Wasserschnecken. Sie kommen regelmäßig an die Wasseroberfläche, um zu atmen, dann verteilt ihre Hämolymphe den Sauerstoff aus der Luft in ihrem Körper (was bei Insekten nicht der Fall ist).

Mit Kiemen

Andere kleine Wassertiere haben Kiemen, um den Sauerstoff aus dem Wasser aufzunehmen und an ihre Hämolymphe weiterzugeben. Sie müssen regelmäßig das Wasser erneuern, das mit ihren Kiemen in Kontakt kommt. Dafür öffnet die Süßwassermuschel ihre Schale, während die Krebstiere unablässig die Beine bewegen.

Die Wasserassel rudert mit den Beinen und lässt so das Wasser zu ihren Kiemen strömen.

Ansicht von unten

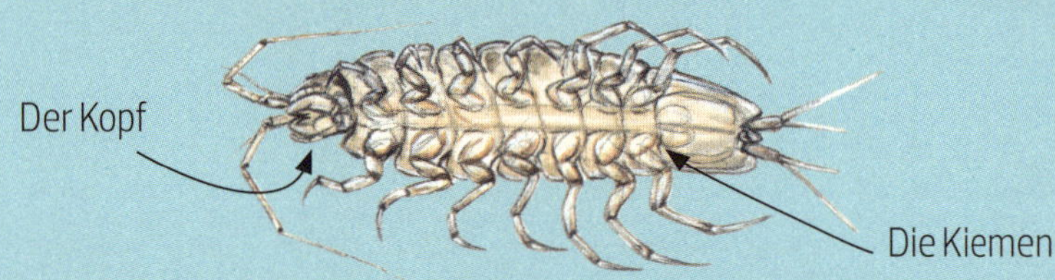

Mit Tracheen

Insekten und Spinnentiere haben weder Kiemen noch Lungen, sondern Tracheen. Das sind ganz feine Kanäle, in denen die Luft zirkuliert. Der Sauerstoff aus der Luft wird so direkt an die verschiedenen Körperteile verteilt.

Tauchen mit Luftvorrat

Um ihre Tracheen zu füllen, müssen die kleinen Wassertiere an der Oberfläche Luft holen.

*Die Stabwanze saugt mit einem Atemrohr Luft ein und speichert sie unter ihren Flügeln, am Eingang der Tracheen.

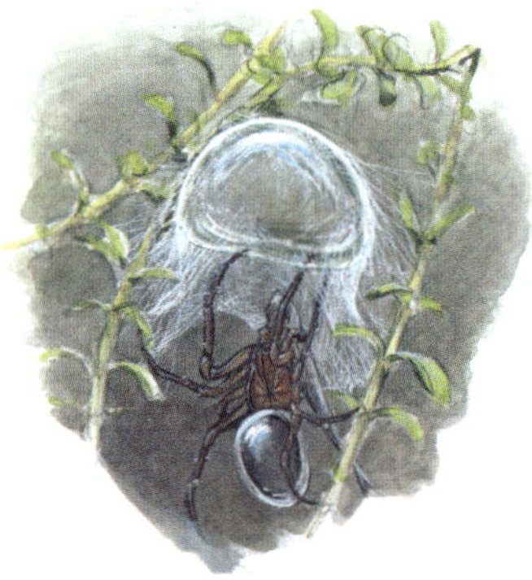

*Die Wasserspinne baut sich unter Wasser einen Luftspeicher: Sie spinnt zwischen Pflanzen ein Netz und füllt es mit Luftblasen, die sie von der Wasseroberfläche holt.

*Der Große Kolbenwasserkäfer kommt mit dem Kopf aus dem Wasser und schiebt mit den Fühlern frische Luftblasen unter seine Brust und seinen Hinterleib, wo sie von den feinen Härchen festgehalten werden.

Die Atmung der Wasserlarven

Mit Kiemen

Die Larve der Eintagsfliege hat am Hinterleib Kiemen, mit denen sie atmen, aber auch gleichmäßiger schwimmen kann.

Die Larve der Köcherfliege hat Kiemen. Aber sie sind in einem »Köcher« aus Sandkörnern oder dünnen Zweigen versteckt, der ihren weichen Hinterleib schützt. Die Larve muss sich unablässig in ihrem Gehäuse bewegen, damit die Kiemen immer frisches Wasser bekommen.

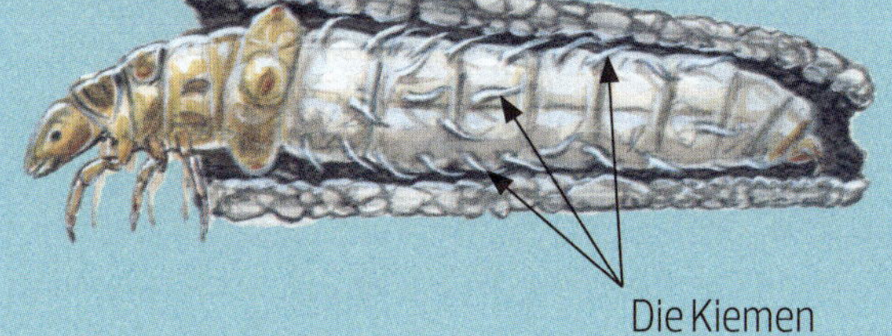

Mit Tracheen und Kiemen

Die Libellenlarve versorgt ihre Tracheen mit Sauerstoff, indem sie die Kiemen in einer Tasche am Ende ihres Hinterleibs nutzt.

Mit der Haut

Die Zuckmückenlarve hat keine Kiemen und ihre Tracheen sind noch nicht funktionsfähig. Sie nimmt den Sauerstoff aus dem Wasser über ihre Haut auf.

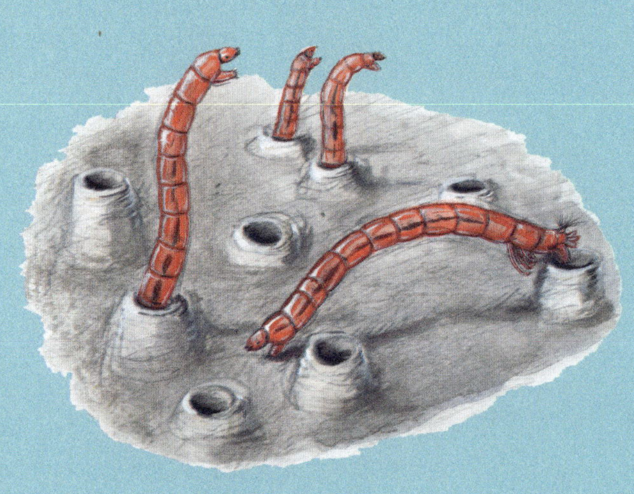

FRESSEN, PUTZEN

Wenn die kleinen Wassertiere fressen, halten sie das Wasser sauber.

Die Wasserfilterer

Manche kleinen Tiere, wie die Muscheln mit zwei Klappen, schlucken eine große Menge Wasser und stoßen es dann wieder aus. Sie behalten nur die Mikroorganismen und die tierischen oder pflanzlichen Überreste, von denen sie sich ernähren. So filtern sie das Wasser und reinigen es von kleinen Abfällen.

Das Wasser kommt durch einen Siphon herein und tritt gefiltert durch den anderen wieder aus.

Die Teichmuschel reinigt das Wasser, indem sie alle möglichen Partikel aufnimmt und verdaut.

Die Oberflächenfeger

Der Wasserläufer, der Taumelkäfer und der Teichläufer sind Insekten, die mit ihren Beinen Vibrationen auf der Wasseroberfläche wahrnehmen. Wenn ein kleines Tier ertrinkt, gleiten sie übers Wasser, um es zu fangen, bevor es auf den Grund sinkt.

Die Bodenreinigungskräfte

Auf dem Grund von Tümpeln und Teichen sammeln sich tote Tiere und Pflanzen an. Die Wasserassel und die Köcherfliegenlarve fressen sie und reinigen so den Schlamm.

In der Tiefe jagen

*Der Wasserskorpion verkriecht sich auf dem Grund des Teichs, stürzt sich auf ein vorbeikommendes Beutetier und fängt es mit seinen scharfen Vorderbeinen. Wenn es ihm an Wasser oder Nahrung fehlt, kann er zu einem anderen Teich fliegen.

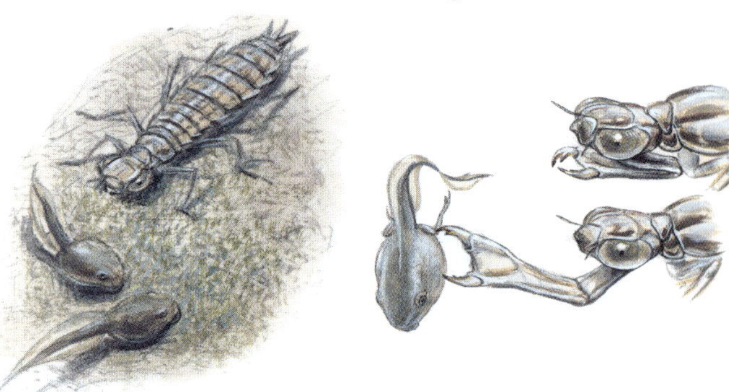

*Sobald die Libellenlarve ein Beutetier entdeckt, schießt sie darauf zu, indem sie Wasser aus dem hinteren Teil ihres Hinterleibs ausstößt. Dann klappt sie eine Art gegliederte Schere aus, die man Fangmaske nennt.

*Der Rückenschwimmer verfolgt seine Beute (Würmer, Insekten, kleine Fische ...) schwimmend. Dann fängt er sie und spritzt ihr Verdauungssäfte ein, die ihre Organe flüssig machen, damit er sie aussaugen kann.

Quiz

Vier Arten, sich zu ernähren

1. Wie jagt die Stabwanze ihre Beute?

   a Sie verfolgt sie schwimmend.
   b Sie lauert ihr auf.
   c Sie lockt sie in eine Falle.

2. Die Zuckmückenlarve ernährt sich im Schlamm. Aber was frisst die erwachsene Zuckmücke, die Flügel hat?

   a Sie sammelt Blütennektar.
   b Sie saugt Blut.
   c Sie frisst nichts.

3. Was jagen Gewöhnliche Flohkrebse?

   a Wasserläufer.
   b Libellenlarven.
   c Andere Flohkrebse.

4. Wie tötet der Gelbrandkäfer seine Beute im Wasser?

   a Er beißt sie.
   b Er sticht sie.
   c Er ertränkt sie.

Im Fokus

Ein Leben im Wasser

Viele kleine Tiere werden im Wasser eines Tümpels oder Teichs geboren. Manche, aber nicht alle, verbringen dort ihr gesamtes Leben.

Der Lebenszyklus der Stechmücke

Die Stechmücke verbringt die ersten drei Wochen ihres Lebens im Wasser, bevor sie zwei bis drei Wochen lang umherfliegt.

1. Die Eier

Sie werden in Gruppen von 30 bis 200 auf der Oberfläche eines stehenden Gewässers abgelegt und schwimmen wie ein winziges Floß.

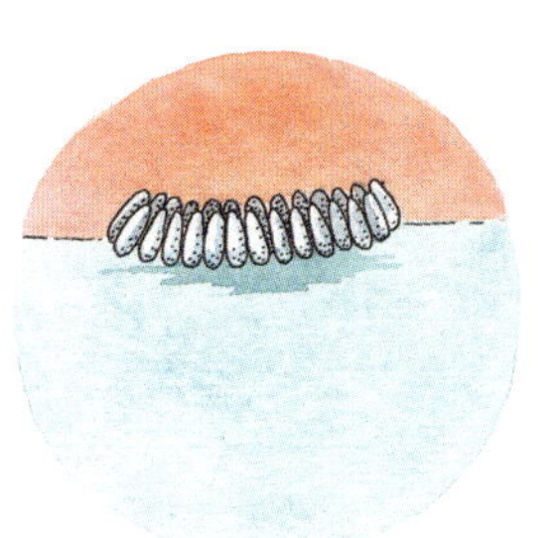

2. Die Larve

Zwei Tage nach der Eiablage schlüpft sie unter Wasser aus dem Ei. Sie ernährt sich, indem sie das Wasser filtert, und holt an der Oberfläche Luft.

3. Die Häutungen

Die Larve häutet sich: Sie wechselt dreimal die Haut, um zu wachsen. Mit 20 Tagen ist sie 1 cm lang. Dann häutet sie sich ein letztes Mal und verpuppt sich.

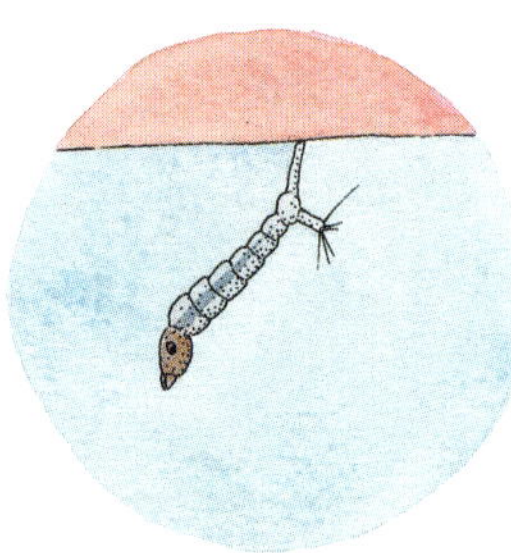

4. Die Puppe

Sie frisst nicht und bleibt an der Oberfläche, um zu atmen. Dabei verändert sie sich stark: Ihr wachsen Beine, Flügel …

5. Die Metamorphose

Nach zwei bis fünf Tagen reißt die Hülle auf, und die erwachsene Stechmücke verlässt das Wasser. Sobald ihre Flügel fest sind, fliegt sie los.

6. Das Erwachsenenstadium

Die erwachsenen Männchen und Weibchen paaren sich miteinander. Nur das Weibchen sticht, denn es braucht eine Blutmahlzeit für die Entwicklung der Eier. Das Männchen sammelt Blütennektar.

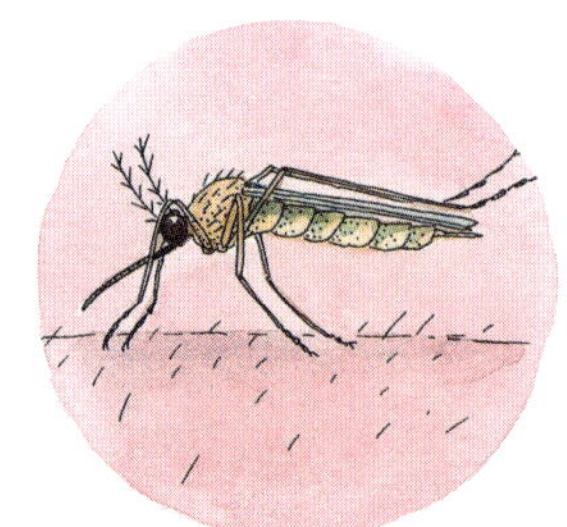

Der Lebenszyklus des Gelbrandkäfers

Der Gelbrandkäfer ist ein Insekt, das im Wasser schlüpft, aufwächst und fast sein gesamtes Leben dort verbringt.

1. Die Eier

Unter Wasser schneidet das Weibchen den Stängel einer Pflanze ein und legt darin seine Eier ab.

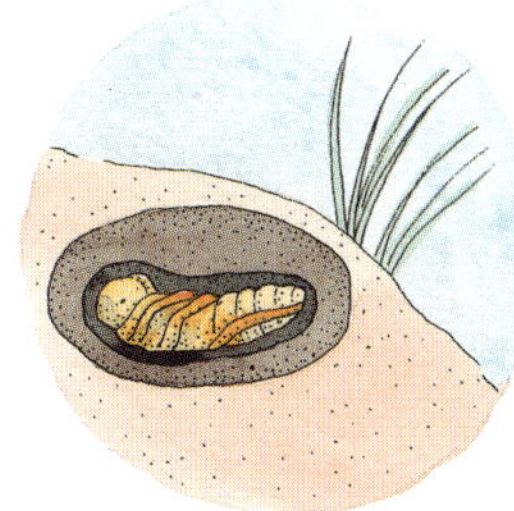

4. Die Puppe

Die Larve verpuppt sich und verlässt das Wasser. Sie gräbt sich an einer geschützten Stelle am Ufer ein und verharrt unbeweglich. Dort bereitet sie sich darauf vor, ihre neue Erwachsenengestalt anzunehmen.

2. Die Larve

Am Anfang des Sommers schlüpft die Larve aus dem Ei. Sie holt mit dem Kopf nach unten an der Wasseroberfläche Luft und frisst viel!

5. Die Metamorphose

Zwei Wochen später ist der Gelbrandkäfer erwachsen. Er misst etwa 3 cm. Nun verlässt er seinen Unterschlupf oder wartet dort auf den folgenden Frühling.

3. Die Häutungen

Die Larve häutet sich dreimal innerhalb von fünf bis sechs Wochen. Sie wird 5 bis 6 cm lang und ernährt sich von kleinen Fischen, Kaulquappen oder anderen Larven.

6. Das Erwachsenenstadium

Er fliegt vom Ufer fort auf der Suche nach dem idealen Tümpel, um sich fortzupflanzen. Wenn er im Wasser ist, bleibt er mit dem Kopf nach unten in der Nähe der Oberfläche, um zu atmen. Dafür speichert er die Luft unter seinen Flügeln. Er kann zwei bis drei Jahre alt werden.

Am Meer

Strandflöhe

Der Einsiedlerkrebs

Die Gemeine Herzmuschel

Strandschneck

Die Gemeine Strandkrabbe

Der Wattwurm

Mein Beobachtungsposten

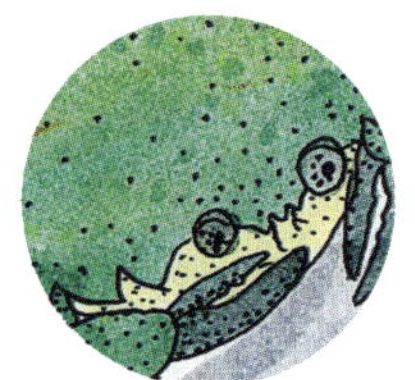

1. Wer sucht in einer Wasserlache Schutz vor der Sonne und den Vögeln?

2. Wer hat Krabbenscheren und versteckt sich in einer Muschelschale?

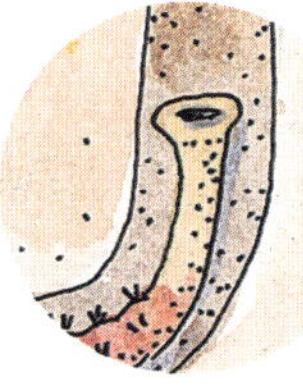

3. Wer macht gedrehte Sandhäufchen an den Strand?

4. Wer mag Feuchtigkeit, lebt aber nicht im Wasser?

Strandschnecken

Seepocken

Gemeine Napfschnecken

Miesmuscheln

Garnelen

Die Wellhornschnecke

Die Wachsrose

5. Wer hat eine Schale in der Form eines chinesischen Huts?

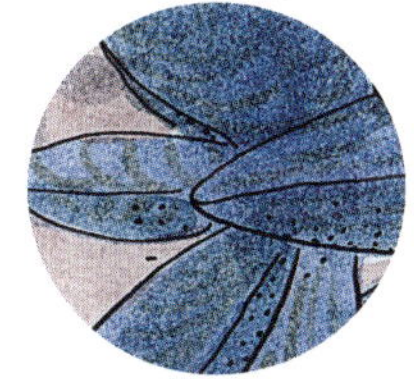

6. Wer haftet mit seinen Klebefäden an den Felsen?

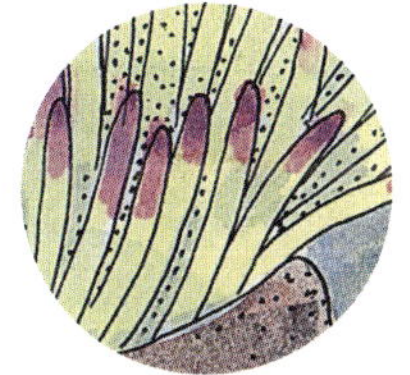

7. Welches fleischfressende Tier sieht aus wie eine Pflanze?

8. Wer erträgt warmes und sehr salziges Wasser?

UNGLAUBLICHE KLEINE TIERE

Die Rekordhalter

Die Riesenstabschrecke aus Indonesien

Sie ist das größte Insekt! (Das Weibchen wird bis zu 50 cm lang.) Aber sie ist sehr schwer zu finden, weil sie völlig reglos auf Pflanzen sitzt. Sie lebt auf der Insel Borneo.

Das Bärtierchen

Es misst nur 1 mm, ist aber das widerstandsfähigste der wirbellosen Tiere: Es kann nach dem Gefrieren wieder zum Leben erwachen und eine Reise in den Weltraum überleben.

Die Großlibelle aus Australien

Sie fliegt mit über 55 km/h und kann bei Rückenwind Spitzengeschwindigkeiten von 70 km/h erreichen, was sie zum schnellsten Insekt macht. Und die größte Libelle ist sie auch!

Die Riesenvogelspinne

Sie ist mit einer Beinspannlänge von 28 cm und einem Gewicht von über 120 g die größte Spinne. Ihr Hinterleib ist faustgroß. Sie lebt in Französisch-Guayana.

Der Atlasspinner

Die Flügel dieses Nachtfalters haben eine Spannweite von 25 bis 30 cm und sind damit so groß wie die eines Spatzen. Er lebt in Südostasien.

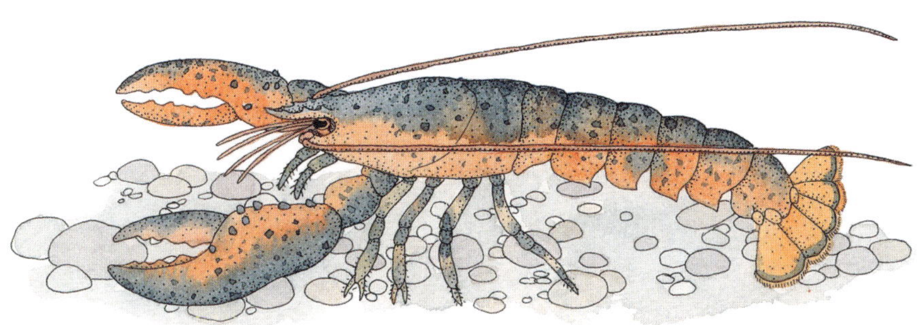

Der Hummer

Ein Hummer, der in einem Aquarium aufwuchs, wurde mit fast 140 Jahren ins Meer freigelassen (in ein Gebiet, wo Fischfang verboten ist). Das macht ihn zum ältesten bekannten Gliederfüßer.

Die Langfühlerschrecke Weta

Eines der schwersten Insekten überhaupt. Direkt vor der Eiablage kann das Weibchen fast 70 g wiegen. Das ist so viel wie drei Mäuse! Sie lebt in Neuseeland und wird 10 cm lang.

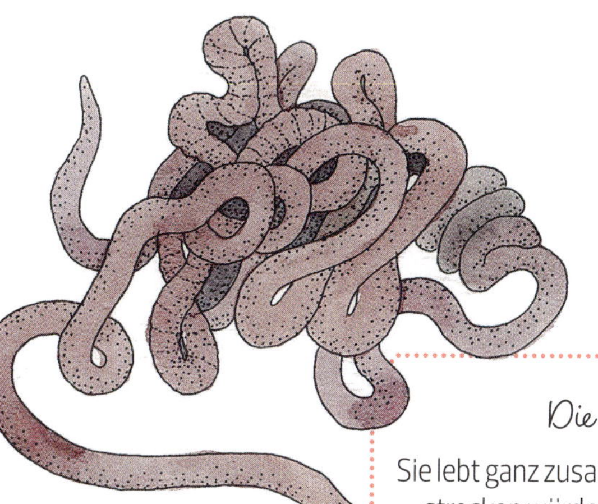

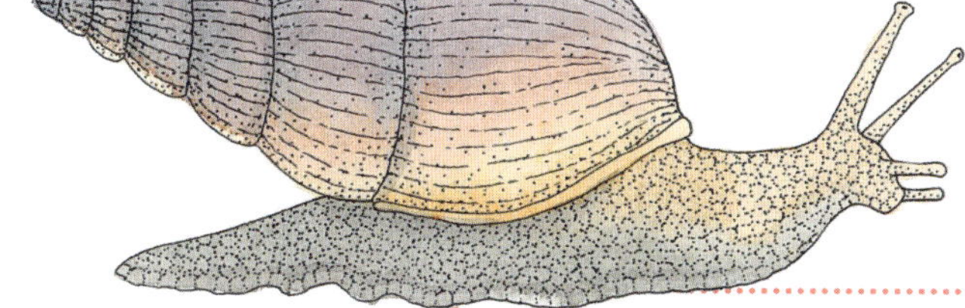

Die Lange Nemertine

Sie lebt ganz zusammengedreht, aber wenn sie sich strecken würde, wäre sie 30 m lang, so lang wie drei Busse! Man findet sie in der Nordsee.

Die Große Achatschnecke

Mit ihrem Gehäuse von 10 cm Durchmesser ist sie die größte Schnecke. Mit Haus wiegt sie fast 1 kg, so viel wie ein Zwergkaninchen. Ursprünglich stammt sie aus Afrika.

Die schönsten Schmetterlinge

Der Monarchfalter

Dieser Schmetterling verbringt den Sommer in Kanada und im Norden der USA. Er legt über 3000 km zurück, um in den Wäldern Mexikos zu überwintern.

Der Aurorafalter

Bei diesem Frühlingsschmetterling hat nur das Männchen einen orangefarbenen Flecken am Ende der Flügel. Vor dem Winter sterben die erwachsenen Schmetterlinge und die Raupen verpuppen sich.

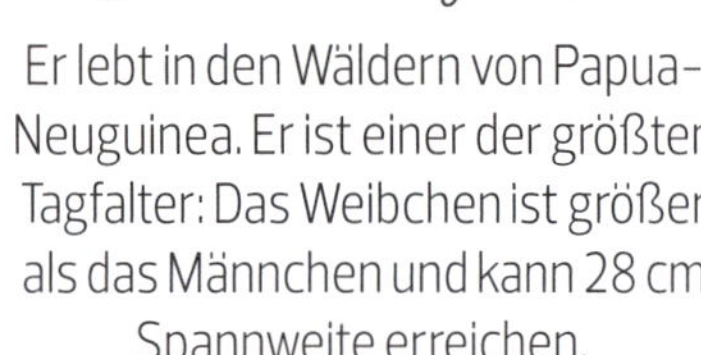

Der Königin-Alexandra-Vogelfalter

Er lebt in den Wäldern von Papua-Neuguinea. Er ist einer der größten Tagfalter: Das Weibchen ist größer als das Männchen und kann 28 cm Spannweite erreichen.

Der Segelfalter

Er fliegt am Tag über warme, trockene Blumenwiesen. Das Männchen patrouilliert in seinem Revier, um Rivalen fernzuhalten. Er lebt in Europa.

Actias luna

Er fliegt nachts durch die Wälder Nordamerikas. Das Männchen hat lange Fühler, mit denen es den Duft der Weibchen aufspüren kann.

Das Sumpfhornklee-Widderchen

Es sammelt den Nektar der Kleeblüten auf feuchten Wiesen in der Sonne. Seine Farben zeigen seinen Feinden an, dass es nicht gut schmeckt, also halten sie sich fern!

Der Zitronenfalter

Er ist einer der ersten Schmetterlinge, die im Frühling durch unsere Gärten fliegen, nachdem er den Winter in einem Versteck verbracht hat. Das Männchen ist leuchtend gelb, das Weibchen blasser.

Das Wiener Nachtpfauenauge

Er ist einer der größten Schmetterlinge Europas. Da er keinen Rüssel hat, kann er sich nicht ernähren. Er fliegt etwa eine Woche lang und zehrt von den Reserven, die er sich als Raupe angefressen hat.

Der Blaue Morphofalter

Er lebt in den tropischen Wäldern Südamerikas. Seine Flügel sind mit transparenten Schuppen bedeckt, die dieses hübsche blaue Licht reflektieren.

Der Oleanderschwärmer

Dieser Nachtfalter verlässt Europa im Herbst und fliegt bis nach Afrika, wo er den Winter verbringt. Seine Raupe ernährt sich von jungen Oleanderblättern und ist giftig.

Die Plagegeister

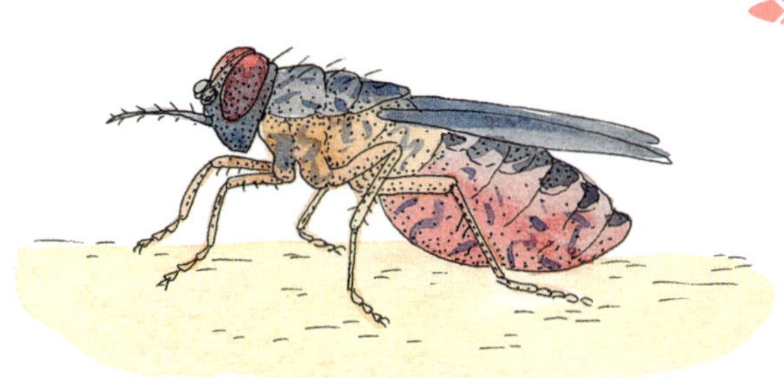

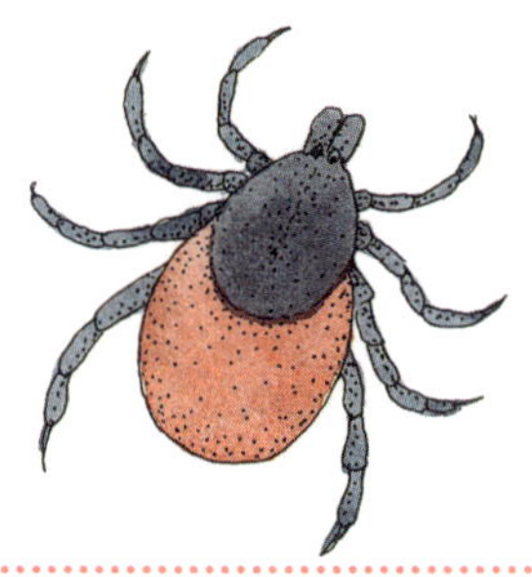

Die Tsetsefliege

Sie lebt nur in Afrika, südlich der Sahara. Wenn sie Menschen oder Vieh sticht, um sich von ihrem Blut zu ernähren, kann sie auch tödliche Krankheiten wie die Schlafkrankheit übertragen.

Die Zecke

Sie lebt auf Pflanzen und wird von einem warmen Körper angezogen. Dann beißt sie sich in der Haut eines Säugetiers fest und saugt sich mit Blut voll, wobei sie manchmal auch Krankheiten überträgt.

Die Pinien-Prozessionsspinnerraupe

Nach dem Winter verlassen die Raupen ihr Gespinst in den Kiefern und wandern auf den Boden, um sich zu verpuppen und in Nachtfalter zu verwandeln. Ihre Härchen können heftige allergische Reaktionen hervorrufen.

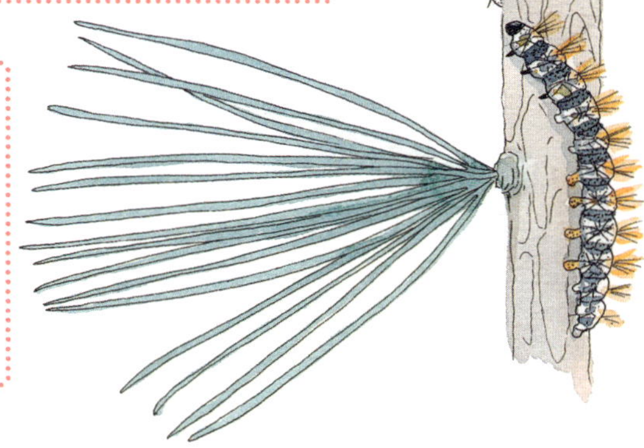

Die Gemeine Wespe

Im Gegensatz zu den Bienen, die ihren Stachel in ihrem Opfer zurücklassen und dann sterben, kann eine Wespe mehrmals stechen, um sich zu verteidigen.

Die Mächtige Fischernetzspinne

Sie kann beißen, wenn man sie auf die Hand nimmt, aber ihr Biss ist ungefährlich. Die meisten anderen europäischen Spinnen haben zu kleine Mundwerkzeuge, um unsere Haut zu durchdringen.

Hottentotta tamulus

Er lebt in Indien und Pakistan. Sein Stich ist gefährlich und manchmal tödlich für Menschen, denn sein lähmendes Gift ist eins der stärksten aller Skorpione.

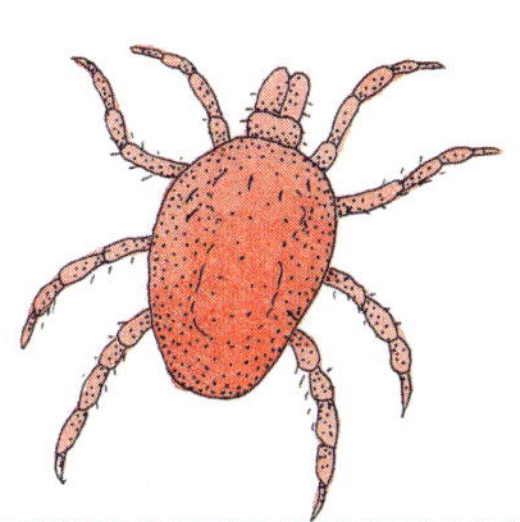

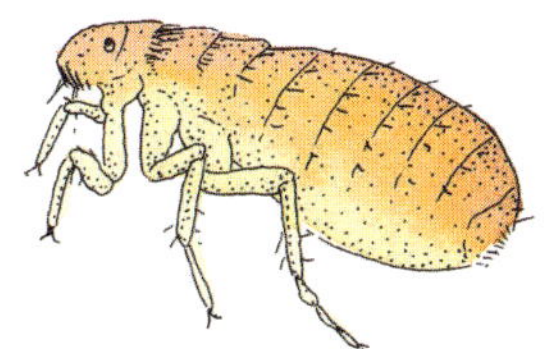

Die Herbstmilbe

Die erwachsenen Milben legen ihre Eier auf Wiesen ab. Aber um sich zu ernähren, spritzen die Larven ihren Speichel in unsere Haut, was einen heftigen Juckreiz verursacht.

Der Floh

Die Larve lebt am Boden und die erwachsenen Flöhe springen bis zu 30 cm hoch, um sich auf einem Hund, einer Katze oder einem Menschen niederzulassen. Sie stechen, um sich von Blut zu ernähren.

Die Europäische Schwarze Witwe

Diese Spinne, die man auf Korsika, aber auch auf dem europäischen Festland antrifft, beißt und injiziert ihren giftigen Speichel, um ihre Beute zu töten. Wenn ein Mensch zufällig von ihr gebissen wird, kann das sehr schmerzhaft sein.

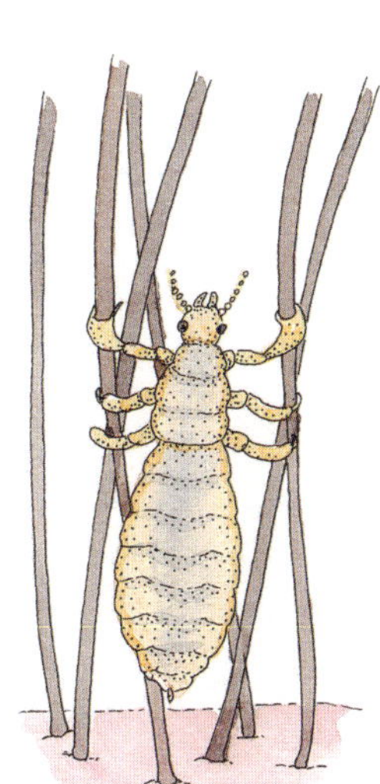

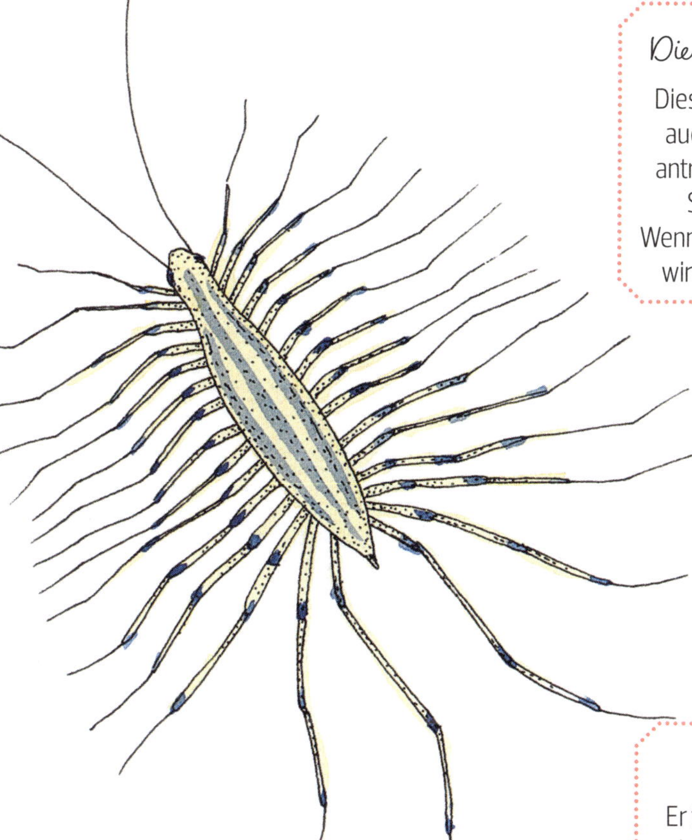

Die Laus

Sie lässt sich auf Köpfen nieder und bewegt sich mit ihren hakenförmigen Krallen an den Haaren entlang. Sie sticht in die Kopfhaut, um etwas Blut aufzusaugen, überträgt aber keine Krankheiten.

Der Spinnenläufer

Er tötet seine Beute mit Gift, beißt uns aber nur, wenn wir ihn festhalten. Sein Biss ist schmerzhaft, aber ungefährlich.

Die Nachtaktiven

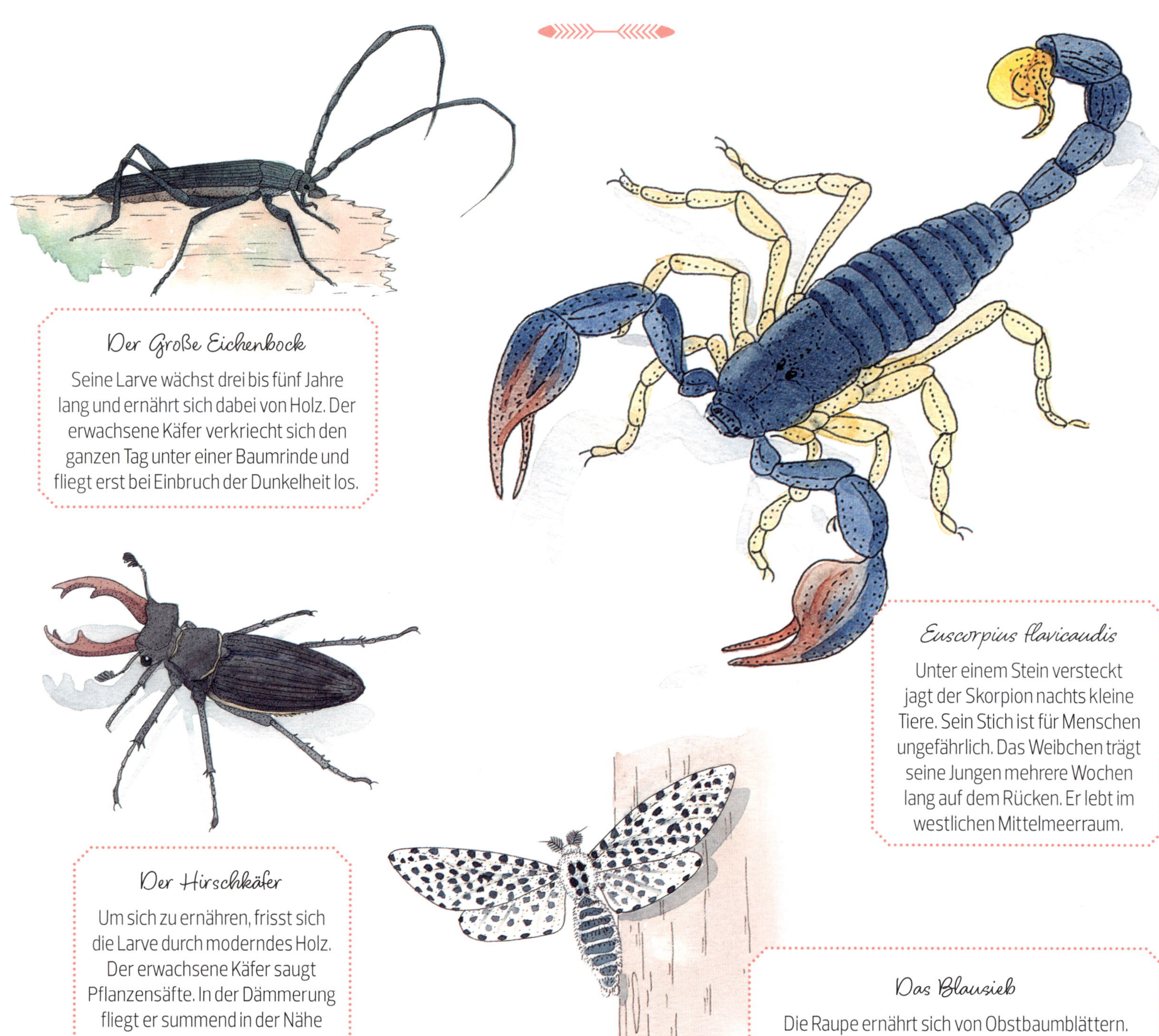

Der Große Eichenbock

Seine Larve wächst drei bis fünf Jahre lang und ernährt sich dabei von Holz. Der erwachsene Käfer verkriecht sich den ganzen Tag unter einer Baumrinde und fliegt erst bei Einbruch der Dunkelheit los.

Euscorpius flavicaudis

Unter einem Stein versteckt jagt der Skorpion nachts kleine Tiere. Sein Stich ist für Menschen ungefährlich. Das Weibchen trägt seine Jungen mehrere Wochen lang auf dem Rücken. Er lebt im westlichen Mittelmeerraum.

Der Hirschkäfer

Um sich zu ernähren, frisst sich die Larve durch moderndes Holz. Der erwachsene Käfer saugt Pflanzensäfte. In der Dämmerung fliegt er summend in der Nähe von Bäumen herum.

Das Blausieb

Die Raupe ernährt sich von Obstbaumblättern. Der erwachsene Nachtfalter lebt dann nur wenige Tage: Er hat keinen Rüssel, kann also keine Nahrung aufnehmen. Er verbringt seine Zeit an einem Baumstamm und fliegt in der Dämmerung los.

Das Rote Ordensband

Tagsüber sitzt er mit gefalteten Flügeln reglos auf einer Baumrinde. Wenn er gestört wird, breitet er die Flügel aus, deren rotes Inneres seine Feinde abschreckt, und fliegt fort.

Der Gelbspanner

Tagsüber verharrt er unbeweglich. Auch abends fliegt er nie weit fort. Die Raupe sieht aus wie ein Zweig, der erwachsene Schmetterling wie ein gelbes Baumblatt.

Der Große Leuchtkäfer

Er wird auch Großes Glühwürmchen genannt, ist aber kein Wurm, sondern ein Insekt. Das Weibchen hat keine Flügel. Es erzeugt einen gelbgrünen Leuchtpunkt am Ende seines Hinterleibs, damit das Männchen es finden und zu ihm fliegen kann.

Der Pilzschnegel

Er ist bei Nacht unterwegs. Dank seiner zwei Fühlerpaare kann er Licht und Gerüche wahrnehmen. Bei Gefahr zieht er sie ein.

Der Totenkopfschwärmer

Dieser sehr große Falter verdankt seinen Namen der Zeichnung auf seiner Brustpartie. Tagsüber faltet er die Flügel wie ein Zelt über seinen Körper.

Der Große Asseljäger

Tagsüber versteckt er sich in seinem Gespinstsack. Nachts jagt er Asseln. Mit seinen starken Mundwerkzeugen kann er auch unter ihren Panzer gelangen.

Unsere Mitbewohner

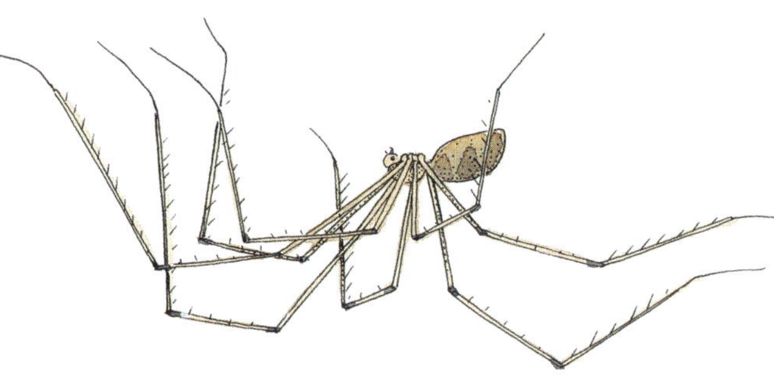

Die Große Zitterspinne

Sie wohnt oft in Kellern und Zimmerecken und lauert mit der Bauchseite nach oben in ihrem Netz. Wenn man sie aufstört, lässt sie das Netz vibrieren, sodass man sie kaum mehr sieht.

Der Mehlzünsler

Dieser kleine Falter legt seine Eier in Mehl und Körnerprodukte. Die Raupen bilden Gespinströhren, die die Lebensmittel ungenießbar machen.

Das Silberfischchen

Man nennt es Silberfischchen, weil sein Körper mit feinen silbrigen Schuppen bedeckt ist. In Wohnungen ernährt es sich von Hautschuppen, Haaren, Zucker ... und sogar Papier!

Die Schabe

Sie stammt aus den Tropen und überlebt nur in geheizten, feuchten Gebäuden. Das Weibchen schützt seine Eier in einem Eipaket.

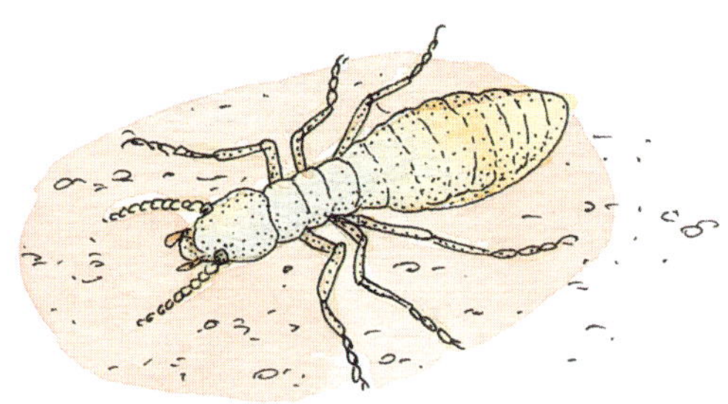

Die Termite

Um dem Licht zu entkommen, nistet sie sich in Balken und Parkett ein. Sie frisst Holz und richtet dadurch große Schäden an. Termiten leben wie Ameisen in Kolonien zusammen. In Deutschland kommen sie nicht wild lebend vor.

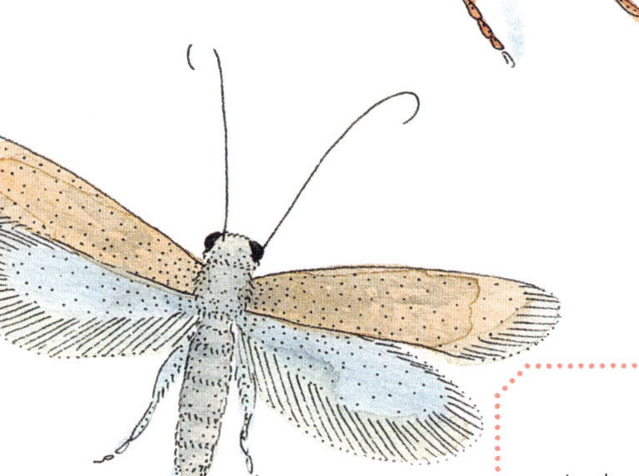

Die Kleidermotte

In der Natur ernähren sich dieser Nachtfalter und seine Larve von Federn und Fell. Sie haben sich an unsere Häuser angepasst, und die Raupen nisten sich in Kleidungsstücken vor allem aus Wolle oder Seide ein.

Die Schnake

Sie sieht aus wie eine riesige Stechmücke, sticht aber nicht. Wenn sie vom Licht angezogen wird, fliegt sie in Wohnungen.

Der Kleine Fuchs

Der erwachsene Schmetterling kann zehn Monate leben, wenn er den Winter im Schutz eines Dachbodens oder einer Scheune verbringt. Seine Raupe entwickelt sich im Frühling und frisst Brennnesseln.

Die Winkelspinne

Sie webt feste Netze und lauert dort auf ihre Beute. Menschen beißt sie nicht.

Das Heimchen

Es sucht die Wärme von Häusern. Am wohlsten fühlt es sich in Bäckereien und U-Bahn-Schächten. Das Weibchen legt seine Eier in feuchte Erde ab.

Die Stubenfliege

Sie ernährt sich ausschließlich von Flüssigkeiten, die sie mit dem Rüssel aus verfaulenden Abfällen oder unserem Essen saugt. Darin legt sie auch ihre Eier ab.

Das Insektenorchester

Der Grashüpfer

Das Männchen singt (oder zirpt), um das Weibchen zu verführen.

Das Heupferd

Es singt, indem es seine kurzen Vorderflügel aneinanderreibt.

Die Grille

Das Männchen zirpt, indem es seinen rechten Vorderflügel über den linken bewegt.

Die Ruderwanze

Das Männchen zirpt, indem es mit den Borsten an seinen Vorderbeinen über die Seitenkanten seines Kopfes streicht.

Der Totengräber

Er zirpt, indem er die Deckflügel an einem rauen Teil seines Hinterleibs reibt.

Die Zikade

Das Männchen zirpt, indem es die Schallmembranen an seinem Hinterleib in Schwingungen versetzt.

Der Bombardierkäfer

Er erzeugt einen Knall, wenn er die Flüssigkeit aus seinem Hinterleib schießt.

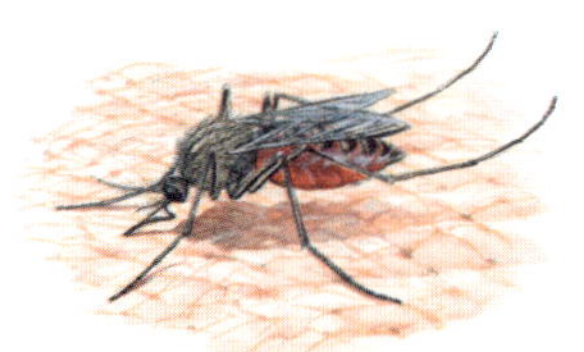

Die Stechmücke

Sie summt, weil ihre Flügel vibrieren.

Die Hummel

Sie brummt, indem sie mit ihrer Brustmuskulatur Vibrationen erzeugt und die Luft zum Eingang ihrer Tracheen drückt.

Der Totenkopfschwärmer

Wenn er aufgestört wird, piepst er wie eine Maus, indem er Luft durch seinen Rüssel stößt.

LÖSUNGEN

»Wer sind die kleinen Tiere?«

S. 13 »Quiz«: 1c; 2a; 3b; 4c.
S. 18 »Mein Beobachtungsposten«:
1. Die Marienkäferlarve.
2. Die Assel. 3. Die Blattschneiderbiene.
4. Die Bläulingsraupe.
5. Der Dickmaulrüssler.
6. Die Genetzte Ackerschnecke.
7. Die Grüne Stinkwanze.
8. Die Gefleckte Weinbergschnecke.

»Das Leben in der Luft«

S. 23: Der Schwalbenschwanz.
S. 27: Die Veränderliche Krabbenspinne und die Europäische Gottesanbeterin.
S. 30 »Mein Beobachtungsposten«:
1. Der Große Kohlweißling. 2. Der Himmelblaue Bläuling. 3. Das Grüne Heupferd. 4. Der Weberknecht.
5. Der Wollschweber. 6. Der Wasserläufer. 7. Die Raupe des Braunen Bären.
8. Die Schwebfliege.

»Das Leben am Boden«

S. 37: Der Europäische Maulwurf.
S. 42 »Mein Beobachtungsposten«:
1. Der Ohrwurm.
2. Der Erdläufer.
3. Die Rote Wegschnecke.
4. Die Wegwespe.
5. Die Gemeine Tapezierspinne.
6. Die Gemeine Feuerwanze.
7. Der Regenwurm.
8. Die Zweifarbige Schneckenhausbiene.

»Das Leben im Wasser«

S. 47: Im Winter.
S. 51 »Quiz«: 1b; 2c; 3b; 4a.
S. 54 »Mein Beobachtungsposten«:
1. Die Gemeine Strandkrabbe.
2. Der Einsiedlerkrebs.
3. Der Wattwurm
4. Der Strandfloh.
5. Die Gemeine Napfschnecke.
6. Die Miesmuschel.
7. Die Wachsrose. 8. Die Garnele.

»»»» Register ««««

Bernstein-Ringelwurm

Rote Mauerbiene

Napfschnecke

Wolfsspinne mit Eierkokon

Stabwanze

Heupferd

Getarnt: Die Krabbenspinne